A SAGA

Uma História de Vida e de Crítica
Argentina – Brasil
1931 • 2007

A SAGA

Uma História de Vida e de Crítica
Argentina – Brasil
1931 • 2007

Luis Gaj

M. Books do Brasil Editora Ltda.

Rua Jorge Americano, 61 - Alto da Lapa
05083-130 - São Paulo - SP - Telefones: (11) 3645-0409/(11) 3645-0410
Fax: (11) 3832-0335 - e-mail: vendas@mbooks.com.br

Dados de Catalogação na Publicação

GAJ, Luis
A Saga – Uma História de Vida e de Crítica,
Argentina-Brasil, 1931-2007/Luis Gaj
2007 – São Paulo – M.Boos do Brasil Ltda.
1. Biografia 2. Consultoria 3. Estratégia

ISBN: 85-7680-012-8

©2007 by Luis Gaj
Todos os direitos reservados. Direitos exclusivos cedidos à
M. Books do Brasil Editora Ltda. Proibida a reprodução total ou parcial.

EDITOR
MILTON MIRA DE ASSUMPÇÃO FILHO

Produção Editorial
Salete Del Guerra

Revisão de Texto
Renatha Prado
Ivone Andrade

Coordenação de Gráfica
Silas Camargo

Editoração e Capa
RevisArt

2007
Proibida a reprodução total ou parcial.
Os infratores serão punidos na forma da lei.

A meus netos:
Jorge, Julia, Rafael, Victória,
Tatiana, Stefani e Gabriel,
e em homenagem
à memória de meus pais Sofia (Salka) e
Maurício (Menases)

refácio

Quando iniciei este livro, a intenção era deixar um legado biográfico para meus netos, mas, à medida que fui pensando sobre o que tinha feito e a época em que vivi, foram surgindo novas idéias sobre o que eu deveria transmitir. E o livro se transformou num importante relato histórico —, compreendendo desde a década de 1930 até os dias atuais — com ênfase à América Latina, especificamente ao que tem acontecido com o Brasil e com a Argentina nesses últimos 75 anos.

O período inclui a Segunda Guerra Mundial e a aniquilação de milhões de judeus, além da morte de muitos outros milhões de inocentes numa guerra de proporções enormes e de resultados devastadores.

Além do aspecto histórico, simultaneamente, não poderia deixar de apresentar as muitas experiências vividas num grande número de empresas durante 35 anos de consultoria de gestão.

Muito tem sido escrito sobre modelos de gestão e teorias acadêmicas, em geral têm sido extraídos de compêndios de gurus dos Estados Unidos, e que nos apresentam fórmulas de sucesso a serem imitadas.

No entanto, pouco tem sido relatado dos bastidores das empresas e dos verdadeiros motivos de sucesso e entre os quais nem sempre encontramos os maiores valores morais envolvidos.

No relato de experiências de consultoria busco apresentar este enfoque pouco explorado do real sucesso ou insucesso das organizações.

As contradições sempre presentes entre teoria acadêmica e prática empresarial permitiram a formulação de disciplinas e a aplicação aos alunos num período de 25 anos como professor da Universidade de São Paulo.

Aqui tento resumir alguns conceitos fundamentais que se foram afirmando na medida em que continuava aprendendo na universidade e aplicando nas empresas.

Por isso espero que o leitor possa aproveitar algumas idéias aqui expostas, elaboradas com a maior disposição de colaborar transmitindo.

A Saga, 1962.

Sumário

Introdução		xi
Capítulo 1	A Saga dos Gaj	1
	Em Buenos Aires, Acontecimentos Simultâneos	5
Capítulo 2	A Escola	9
Capítulo 3	Adolescência	19
	A Experiência na Bolívia	22
Capítulo 4	Penúrias de Imigrantes	27
	Surgimento do Peronismo	31
	Convite para Consultoria	35
	A Viagem para Alemanha, Estágio na Lendkradwerk Gustav Petri	38
	O Último Discurso	41
Capítulo 5	Realização Profissional	45
	Acontecimentos Simultâneos no Brasil e na Argentina	48
Capítulo 6	A Vida de Consultor	53
Capítulo 7	Uma Superintendência	59
Capítulo 8	A USP	63
	Ainda Consultoria em Grandes Organizações	68
	Acontecimentos Simultâneos no Brasil e na Argentina	75
Capítulo 9	Consolidando Posições	83

Capítulo 10	A Vida de Empresário	91
Capítulo 11	A G.R., o Florestal e o CREN: Os Conselhos de Gestão	97
	Discurso de Daniel Gaj	101
	Doutoras	103
	Discurso de Luis Gaj	104
	Cenário Social, Político e Econômico da América Latina, com Destaque ao Brasil e Argentina	108
	Estratégias para Melhoria da Qualidade de Vida	111
Epílogo		117
Anexo 1	Carta Aberta aos Presidentes dos Países da América Latina	121
	O Futuro é Agora	122
Anexo 2	Letra da Música "Gracias a La Vida"	125
Homenagens		127
Sobre o Autor		133

Introdução

O Porquê Deste Livro

Recentemente tive a oportunidade de acompanhar um trabalho excelente do Centro de Recuperação e Educação Nutricional (CREN) junto a escolas de nível médio, da rede pública, e que tinha como título "Eu aprendi, eu ensinei".

O trabalho envolveu a Secretaria de Ensino de Belo Horizonte-MG, diretores de escolas e professores a serem treinados para desenvolverem, junto aos seus alunos, projetos na comunidade sob o tema 'educação nutricional', pouco abordado nos programas escolares.

"Eu aprendi, eu ensinei" é como o dever que temos de transmitir experiências daquilo que aprendemos para o outro; influenciar, de certa forma, o destino daquele que se dispõe a ouvir, ou melhor, a ler aquilo que temos para relatar. Com este objetivo inicia-se o livro. Na realidade podemos acrescentar "Eu ensinei, eu Aprendi", pois no processo de ensinar, o professor cresce e aprende com seus alunos. Humildemente precisamos reconhecer que durante a vida toda estamos sempre aprendendo, seja nos livros, seja na própria vida de cada um.

Não se trata de uma biografia, mas de uma história de vida e de uma época cheia de acontecimentos que se pretende resgatar, incluindo passagens dolorosas pela perda de parte da família na Guerra de 1939.

Um relato impressionante dos acontecimentos nesse ano e nos anos seguintes até o fim da guerra na Alemanha é exposto no livro *Argentinos*, de Jorge

Lanata, e nos deixa informados com detalhes sobre o que ocorria naquele País e frente ao que o resto do mundo devia se posicionar. No entanto, a Argentina somente se posicionou quando os aliados já tinham garantido a vitória sobre o eixo formado por Alemanha-Itália-Japão.

Vejamos o que aconteceu na Alemanha em 1939.

- 21 de fevereiro: os nazistas forçam os judeus a entregar seus pertences em ouro e prata.
- 30 de abril: os judeus perdem o direito sobre propriedade de qualquer bem e são transferidos para 'casas judias'.
- Maio: o navio Saint Louis com 930 imigrantes judeus, recusado por Cuba, pelos Estados Unidos e por outros países, regressa à Europa.
- 4 de julho: todos os funcionários judeus são exonerados de seus postos nas repartições públicas alemãs.
- 1º de setembro: estabelecido horário limitando a circulação dos judeus nas ruas. No inverno até as 20 horas e no verão até as 21 horas.
- 21 de setembro: Heydrich envia instruções à SS Eisatzgruppen (esquadrões da morte) na Polônia sobre como tratar judeus (eram 3.350.000, a maior população judia da Europa), ordenando que fossem colocados em guetos perto das vias ferroviárias, para no futuro serem transportados.
- 23 de setembro: judeu-alemães são proibidos de ter rádios em suas casas.
- Outubro: os nazistas praticam eutanásia em doentes e incapacitados judeus.
- 12 de outubro: judeus são evacuados de Viena (Áustria).
- 26 de outubro: judeu-poloneses com idade entre 14 e 60 anos são obrigados a fazer parte da força de trabalho.
- 23 de novembro: todos os judeu-poloneses com mais de 10 anos são obrigados a usar a estrela amarela em seus braços.

Veremos mais adiante o que ocorreu nos anos de 1940 até 1944.

No entanto, a repercussão desses fatos foi notória na infância e na decisão de meu pai de se afastar da religião, pois ele dizia: "Se existe Deus, como pode permitir tamanha injustiça".

Durante a visita do Papa Bento XVI ao campo de extermínio de Auschwitz (Polônia), ele formulou a mesma pergunta: "Onde estava Deus que permitiu tamanha injustiça".

A minha família encontrou, no entanto, espaço e ambiente propícios para uma vida tranqüila, sem guerra e de satisfações na Argentina até 1951, e depois, eu, no Brasil até os dias de hoje.

Viajando pelo mundo e vivenciando as injustiças sociais, me considero um crítico da sociedade na sua forma atual, sempre com a expectativa de que podemos construir um mundo melhor.

Inconformado com a atuação dos governantes, nunca aderi a nenhum partido político, mas sempre estarei me identificando com ideais humanitários, com a busca do amor e da harmonia entre os seres humanos, pois somente o entendimento permitirá a continuidade da civilização.

A evolução da intolerância, do radicalismo e do terror serão uma forte ameaça para o equilíbrio de um mundo dividido, não mais entre Leste e Oeste, não mais entre Norte e Sul, mas sim, entre tolerantes e intolerantes, num conflito que poderá vir a ser o conflito das civilizações.

Não acredito naqueles que ficam afastados dos problemas levando vida limitada ao bem-estar familiar e que não se envolvem de alguma maneira para contribuir para a construção do futuro.

No entanto, são por esses vários motivos que:

- participo no Instituto de Estudos Avançados da USP do grupo de Nutrição e Pobreza;
- estou envolvido numa organização que luta pelos direitos humanos;
- colaboro como voluntário no CREN, que trata de crianças desnutridas, e se tornou referência nacional no combate à desnutrição infantil.

A seguir, a organização dos capítulos por períodos de 7 anos, os setênios segundo a antroposofia.

Capítulo 1

A Saga dos Gaj

(1931 – 1938)

écada de 1930: Vivíamos no bairro residencial da Paternal, em Buenos Aires (Argentina). Éramos uma família de classe média, composta de quatro pessoas: meu irmão Elias, quatro anos mais velho, minha mãe Sofia e meu pai Maurício, que participou da Primeira Guerra Mundial. Tínhamos um carro, não era de último tipo, mas nos permitia visitar parentes e fazer passeios ao bairro de Palermo e à quinta de Olivos, onde éramos sócios do clube Odessa.

Meus pais eram imigrantes europeus. Meu pai era da Rússia. Sua família morava num lugarejo perto de Kiev chamado Proskuruv; já minha mãe era da Áustria, de uma cidade chamada Tarnopol, pertencente ao Império Austro Húngaro, que mais tarde passaria a ser Alemanha e depois Polônia. O motivo da emigração da Europa dos meus pais foi, em primeiro lugar, a perseguição aos judeus e, conseqüentemente, a guerra que tinha provocado seqüelas graves na família e no meu próprio pai.

Os dois irmãos mais velhos de meu pai tinham sido mutilados na Guerra de 1914 na Rússia. Meu pai tinha sido ferido nas costas por uma granada e estava hospitalizado e meu avô, desesperado por ver os filhos nesse estado, resolveu que meu pai deveria deixar a guerra e a Rússia em 1919, apesar de estar no exército do regime bolchevique e emigrar.

Não devemos esquecer que esse período ocorreu quando se desencadeou o movimento revolucionário de 1917 na Rússia e a formação do Exército Vermelho, com a implantação do sistema comunista.

Meu avô sabia que se fosse descoberta a desistência do serviço militar no exército, o castigo seria o fuzilamento.

Uns anos antes, meu avô tinha feito uma viagem à República Argentina, onde havia paz e os judeus não eram perseguidos, então decidiu que o único filho em condições de convalescente da ferida de estilhaços de uma granada deveria aproveitar a oportunidade e fugir, abandonando o exército.

Meu avô, que era farmacêutico, ajudou meu pai a fugir, alterando a data de nascimento nos documentos para passar despercebido de que ele estava no exército.

Como meu pai possuía um salvo-conduto porque era encarregado do suprimento do exército, isso lhe permitiu movimentação livre dentro do país e chegar até a fronteira, onde atravessou sem maiores problemas para a Áustria.

Uma vez fora da guerra, prosseguiu a viagem, conhecendo então minha mãe em Tarnopol. Namoraram durante uma semana. Logo depois, continuaram a viagem, casados, rumo à Argentina, como sendo a terra prometida.

Foi namoro à primeira vista, a decisão foi rápida e o casamento durou a vida toda.

A recordação das perseguições aos judeus na Rússia por parte de cossacos brancos dirigidos por um chamado Petlura, acompanhou os relatos de vida de meu pai em toda a sua existência.

Recordava como os cossacos entravam nas aldeias a cavalo e invadiam casas de judeus para saqueá-los e para maltratá-los pelos simples motivo de serem judeus.

Chegavam a matar, maltratar mulheres e crianças nos seus assaltos, e não existia nenhuma proteção policial contra esses atos de vandalismo.

A polícia permanecia impassível e até assistia à selvageria dos cossacos brancos.

A imigração foi penosa para meus pais. No início moravam num quarto, numa casa com várias famílias de imigrantes, até que conseguiram desenvolver uma atividade autônoma, com muito trabalho e uma pequena economia.

Lembro de minha infância na casa da Rua Camarones, perto da Avenida San Martin, casa de dona Ema, uma senhora viúva que vivia do aluguel que meus pais pagavam.

Ela ocupava a parte nobre da casa e nós, a parte da frente, com uma loja, onde meu pai tinha um negócio exclusivo na região, uma loja de sapatos, que vendia também artigos para sapateiros fazerem consertos.

Aos poucos foi criando uma freguesia fiel de sapateiros que vinham buscar seus acessórios na nossa loja, e clientes do bairro que compravam sapatos para suas famílias.

Em 1936, com 5 anos de idade, ganhei um uniforme branco e um cone com balas e tive meu primeiro dia de aula na escola Margariño Cervantes, onde iria cursar os sete anos do curso primário.

Já com 6 anos, a rotina familiar era: meus pais trabalhando na loja, a empregada Catalina Montenegro cuidando de nós, escola todos os dias, marchas e hinos escolares, aula de música e canto, e atividades de preparação das tarefas escolares em casa.

A minha mãe cuidava de toda a família, principalmente de mim, que era o caçula, sempre preocupada com minha alimentação porque eu era magro, apesar de que ela cozinhava muito bem.

Foto da irmã da minha mãe. Sacrificada pelos Nazistas, ela morava em Berlim.

Lembro-me com saudade da comida gostosa que preparava, especialmente para as festas, ocasião em que nossa 'minguada' família, que era composta de uma meia-irmã de minha mãe, Ester, e seu marido Abraham, se reunia na minha casa. Além deles vinha também um primo de segundo grau de meu pai.

Nessa época, as notícias de jornais mostravam o crescimento do regime nazista na Alemanha e a preparação deste País para a guerra.

Desde 1933 já havia começado a discriminação e a perseguição aos judeus e muitos estavam à procura de refúgio seguro.

Minha mãe tinha uma irmã que morava em Berlim, com a qual se correspondia, quando em 1938 recebemos uma carta solicitando que ajudássemos sua família a conseguir vistos para poder emigrar para Argentina e se juntar a nós.

Meus pais iniciaram os trâmites junto ao Ministério do Interior da Argentina para conseguir os vistos de imigração, porém o governo argentino emitiu uma ordem proibindo novas imigrações, quando ainda os trâmites estavam em andamento.

Impossibilitados de sair da Alemanha, mais tarde soubemos que eles foram capturados pelos nazistas, com outros milhares de judeu-alemães em Berlim, e enviados para campos de concentração, posteriormente, para campos de extermínio.

Depois desse episódio, nunca mais soubemos deles. Os alemães, pouco tempo depois comemoraram Berlin Judenfrei, ou seja, "Berlim livre de judeus".

Os judeu-alemães, que durante gerações tinham se identificado com o País, tinham lutado na Primeira Guerra Mundial e se sentiam alemães integrados na comunidade, começaram a perceber, em 1933, que surgia uma grande mudança no País e mesmo integrados, com várias gerações vivendo no País, eram discriminados e cada vez mais excluídos e perseguidos.

Para ilustrar a época, transcrevo um trecho da carta que Albert Einstein escreve em março de 1933.

> *"Recuso-me a permanecer em um país onde a liberdade política, a tolerância e a igualdade não são garantidas pela lei. Por liberdade política entendo a liberdade de expressar publicamente ou por escrito a minha opinião política; e por tolerância, o respeito a toda convicção individual.*

> *Ora, a Alemanha de hoje não corresponde a estas condições. Os homens mais devotados à causa internacional e alguns grandes artistas são ali perseguidos... ."*

Mesmo que nesse ano a realidade era profundamente ameaçadora e contrária aos direitos humanos, muitos judeu-alemães ficaram lá até o último momento na espera de tempos melhores e sucumbiram no genocídio coletivo perpetuado pelos nazis.

Nessa época em que o nazismo crescia significativamente na Alemanha, eu estava na escola, e no meu tempo livre ajudava meu pai na loja, pesando pregos ou separando saltos de borracha, ou, ainda, vendendo alpargatas ou outros produtos, como cola, solas e acessórios em geral para sapateiros.

Era uma diversão ficar na loja e atender os clientes quando criança, porém, mais tarde criei aversão pela atividade de comércio, pela dependência que cria na espera do comprador entrar na loja e pelas dificuldades que meus pais passaram.

Como a maioria dos nossos clientes sapateiros era também de imigrantes italianos, que constituíam com os espanhóis as maiores colônias de imigração, começaram na loja a ocorrer debates políticos sobre a Itália do Mussolini e a Alemanha de Hitler.

Meu pai, liberal e contrário a todos os regimes ditatoriais, era um crítico ferrenho dos bolcheviques e do regime duro imposto por Stalin à Rússia e também um crítico forte na época da ascensão dos fascistas e dos nazistas na Europa. Isto gerava em alguns casos, acaloradas discussões com italianos que se consideravam patriotas e defensores de Mussolini.

Eram na verdade poucos os que tinham essa postura. A maioria dos italianos que conhecíamos era a favor da liberdade e se colocava contra esses novos regimes, fazendo coro com as idéias que meu pai calorosamente defendia.

A Argentina daquela época passava também por profundas transformações e dificuldades. Uma dificuldade estava relacionada com o racionamento de determinados produtos que eram utilizados na guerra, como borracha e derivados de petróleo.

Filas enormes eram feitas para receber uma quantidade racionada de gasolina ou querosene, e produtos de borracha estavam em falta.

Meu pai, que tinha de suprir os sapateiros com cola feita à base de borracha, aproveitava materiais refugados e fazia misturas com solvente que terminavam produzindo uma cola que era de cor escura, porém, que atendia as necessidades de colar as solas de sapatos.

Aliás meu pai era muito jeitoso para trabalhos manuais. Ele também fazia sapatos sob medida, encomendados por clientes que apresentavam algum tipo de problema nos pés e precisavam de sapatos especiais. Era só olhar para o pé da pessoa que meu pai fazia o corte, o cliente provava e, a seguir, ele terminava o par de sapatos.

Essa atividade era feita normalmente após fechar as portas da loja e após o jantar, quando nós íamos para cama. E então ele ficava trabalhando em sua oficina, cantarolando e fazendo o trabalho manual que lhe dava satisfação.

Não tenho dúvidas de que essa atividade manual muito contribuiu para sua longa vida de 101 anos.

Em Buenos Aires, Acontecimentos Simultâneos

Sentado na porta da minha casa nos fins de tarde assistia, nas festas religiosas, à procissão lúgubre que passava pela minha porta vinda da igreja que ficava a pouco mais de 100 metros de minha casa.

Era uma procissão que inspirava respeito, as mulheres se vestiam de preto e usavam véu preto também, que cobria toda a cabeça. Os homens, com chapéu, gravata e paletó, carregavam uma imagem da Virgem Maria, davam a volta no quarteirão lentamente e, depois, voltavam à igreja para terminar a celebração.

Mais tarde, descobri a diferença cultural entre Brasil e Argentina, através da comparação entre as procissões dos dois países, a brasileira — alegre, descontraída, com música e dança, na cidade de Monte Mor, perto de Campinas-SP—, e a argentina, a qual guardava na minha lembrança de criança, triste e muito formal.

A infância foi tranqüila e protegida, com um irmão mais velho que, quando brigávamos, meus pais apartavam.

Os Trosman eram meus padrinhos, de vez em quando recebia algum presente, especialmente das filhas deles, que eram mais velhas e cada vez que me viam tinham lembrancinhas para me dar.

Depois de algum tempo soube que uma delas estava morando no Brasil, fui visitá-la e mantive contato.

A República Argentina da época vivia momentos turbulentos. Presidente do País, desde 1922, Marcelo T. de Alvear nomeou para ministro de Guerra o general José Felix Uriburu, que 8 anos depois seria o precursor dos golpes de estado.

Alvear conhecia o general Uriburu desde a juventude, o qual era um notório conservador objetado por suas simpatias germanófilas.

Alvear cumpriu calmamente todo o seu mandato como presidente pouco antes da crise econômica de 1929. Foi sucedido pelo segundo mandato de Hipólito Yrigoyen, então com 76 anos de idade. Esse período foi marcado por uma espécie de paralise administrativa, com pouca ação por parte do governo, que estava centrado na política petrolífera.

No dia 6 de setembro de 1930, com o exército de Campo de Mayo, o general Uriburu conduziu o golpe de estado, e no dia 8, frente a 100 mil pessoas que lotavam a Plaza de Mayo, Uriburu assumiu a presidência do País.

Os comentários do *New York Times* no mesmo dia foram: "Não há dúvida de que para a República Argentina a revolução é o melhor acontecimento que podia ter ocorrido no País na última década".

O destino de Yrigoyen foi o confinamento no forte militar da ilha de Martin Garcia, onde ficou custodiado por um elevado contingente.

Em 8 de novembro de 1931, realizam-se eleições, e no dia 20 de fevereiro de 1932 o general Augusto P. Justo assume a presidência. Muda o governo, Yrigoyen é indultado e desembarca em Buenos Aires, onde passa ao comando da União Cívica Radical.

Em dezembro explodem algumas bombas nos subúrbios e Yrigoyen é novamente detido e levado para Martin Garcia.

Esses acontecimentos marcam o início de uma série de movimentos entre civis e militares que terminariam prejudicando o desenvolvimento socioeconômico e político do País.

O período entre 1930 a 1940 foi denominado "época infame" em que um dos lemas era "Roubam, porém fazem", porém, em relação às décadas posteriores, a denominação de infame foi, com certeza, exagerada.

Aliás, o slogan "Roubam, porém fazem", também se aplicava no Brasil nos anos 60 com o então governador Ademar de Barros.

Proliferaram os casos de corrupção, relatados por Jorge Lanata no seu livro *Argentinos*. Um dos casos mais constrangedores foi o da Companhia Argentina de Eletricidade (CADE), que durante anos evitou a exploração hidrelétrica porque o sistema CADE termoelétrico utilizado era à base de carvão, importado da Inglaterra de minas do grupo Sofina, o qual era também o controlador da CADE.

A exploração da carne argentina por frigoríficos ingleses também está cercada de fatos lamentáveis e sem lisura, como a acusação de fraude e de sonegação de impostos de alguns frigoríficos.

As eleições da época foram reconhecidas como fraudulentas e, em 1937, os radicais Marcelo T. Alvear e Enrique Mosca foram derrotados dessa forma por Roberto Ortiz e Ramón Castillo do "La Concordância". Houve diversos escândalos com mortes e feridos durante confrontos em Buenos Aires, Santa Fé e Mendoza.

Ortiz manteve a posição argentina de 'não-beligerante' apesar de se inclinar a favor dos Aliados, enquanto Castillo se inclinava para o eixo Itália-Alemanha-Japão, no início da década de 1940.

Com o afastamento de Ortiz por motivo de saúde, Castillo e seus seguidores adotaram uma política pró-nazista com a não declaração de estado de guerra com o eixo e manutenção das relações diplomáticas, por outro lado, havia a pressão norte-americana para que a Argentina quebrasse suas relações com a Alemanha. Esse sistema de governo e esses conflitos políticos foram muito desgastantes e prejudiciais ao País.

Somente em 26 de Janeiro de 1944, quando estava certa a derrocada alemã, é que a Argentina anunciou a sua ruptura com o eixo.

Pode-se então compreender por que esse regime que se denominava neutro e agradava aos nazistas não permitiu a imigração de judeus vindos dos países ocupados pela Alemanha e da própria Alemanha.

Esse foi o caso dos meus tios que moravam em Berlim, e acabaram sendo mortos pelos alemães pouco tempo depois, porque o governo argentino lhes negou o salvo-conduto.

Capítulo 2

A Escola

(1938 – 1945)

inha infância foi relativamente tranqüila. Alguns episódios marcaram essa fase. Numa certa ocasião, mais especificamente no dia de meu nono aniversário, ganhei de presente dos meus pais uma bola de futebol.

Era uma bola de couro, que podia ser cheia de ar, pois tinha uma câmara, e seria tratada com graxa para conservá-la. No mesmo dia fui brincar com ela na frente de minha casa. Já estava escurecendo quando, de repente, um grupo de 5 ou mais rapazes, entre 18 e 20 anos de idade, passava pela porta de casa. Viram que eu estava brincando com a bola, me driblaram, começaram a dar passes entre eles, e saíram correndo com a bola que eu tinha acabado de ganhar.

Fiquei atônito pela selvageria do ato e sem saber o que fazer.

Foi minha primeira experiência com a injustiça no mundo. Entrei em casa e contei o que tinha acontecido.

Meu pai saiu depressa, porém já não tinha ninguém na rua.

Outra experiência marcante dessa idade foi quando meu pai me deu uma nota de valor significativo, digamos, hoje, o equivalente a 10 reais, para comprar alguma coisa para mim ou apenas para guardar.

Ao avistar um vendedor de balas pela rua — algo muito comum em Buenos Aires eram os vendedores ambulantes de amendoim durante o inverno e de balas e chocolate durante o ano todo —, decidi fazer sozinho uma compra.

Fui até a esquina do quarteirão onde o rapaz vendia os doces e comprei algumas balas.

Dei o dinheiro todo para algo que valia, digamos, 1 real e sem solicitar troco voltei correndo para casa, contente por ter feito uma compra sozinho.

Chegando em casa fui questionado sobre como tinha comprado e quando contei que havia dado a nota sem solicitar o troco, meu pai ficou bravo comigo.

A minha resposta improvisada foi: coitado do rapaz, ele deve ter ficado feliz em receber esse presente.

O crescimento gradativo foi acompanhado de estudos na escola primária até 1942, quando terminei os meus sete anos de estudo elementares.

As atividades escolares incluíam duas vezes por semana aulas de ginástica sueca, que aconteciam pela manhã, às vezes, em dias bastante frios e com roupa de ginástica especial.

Algumas vezes íamos a um clube muito elegante, o Clube Gimnasia y Esgrima, que ficava nos bosques de Palermo, para fazer a ginástica. Era uma festa.

Outro episódio marcante ocorreu no penúltimo ano. Além das aulas em classe, tínhamos as seções de canto e música, e eventualmente também seções de projeções num anfiteatro.

Certo dia a projeção incluía filme de heróis de desenho animado.

Terminada a seção, eu que estava sentado no alto do anfiteatro, subi no banco e brinquei de voador, pulei para o banco da frente, imitando o herói do filme.

Nesse instante, em vez de cair em pé escorreguei e bati a boca no banco. Minha boca começou a sangrar forte e a professora apavorada mandou chamar a minha mãe. Fui parar no hospital e levei cinco pontos no lábio, ficando uma cicatriz que tenho até hoje.

A minha condição de aluno nunca foi a das melhores, mas, também, nunca fiquei entre os piores da classe. Digamos que era regular.

Algumas disciplinas como matemática me causavam desconforto e dificuldade de entendimento, e para resolver e continuar tinha aulas particulares, ou estudava com amigos da classe.

A Escola   11

Um desses amigos de infância era Jaime Wietzerbin, conhecido como "Jaimito el colorado" por causa do cabelo vermelho. Jaimito era muito bom em matemática.

Estudávamos muitas das tardes juntos fazendo as lições do dia seguinte. Sem dúvida, foi de grande ajuda o estudo em conjunto, além de divertido, era motivador e agradável.

Enquanto estudávamos na Argentina, a guerra evoluía de forma surpreendente. Os alemães tinham ocupado quase toda a Europa, as notícias dos massacres de judeus eram cada vez mais comentadas, assim como os avanços que as tropas do eixo (Japão-Alemanha-Itália) estavam fazendo no mundo.

Dando continuidade à cronologia da guerra que iniciamos com o ano de 1939, veremos a seguir o que ocorreu de 1940 a 1944 na Alemanha, e em que momento a Argentina se define rompendo com a Alemanha nazista.

1940	25 de janeiro: começa a funcionar o campo de concentração de Auschwitz, perto da Cracóvia (Polônia).
	12 de fevereiro: acontece a primeira deportação de judeu-alemães para os campos de concentração da Polônia.
	30 de abril: o gueto de Lódz (Polônia) foi separado do mundo com 250 mil judeus prisioneiros.
	17 de julho: as primeiras medidas anti-semitas em Vichy (França).
	8 de agosto: são restringidos educação e emprego de judeus da Romênia e suas empresas são nacionalizadas.
	Novembro: é fechado o gueto de Cracóvia com 70 mil judeus prisioneiros.
	15 de novembro: é fechado o gueto de Varsóvia (Polônia).

1941	O governador nazista da Polônia, Hans Frank, manifestou-se dizendo: "Não peça nada aos judeus, somente que desapareçam".
	Janeiro: uma revolta na Romênia deixa 2 mil judeus mortos.
	7 de março: judeu-alemães são obrigados a trabalhos forçados.
	14 de maio: 1.600 judeus são presos em Paris (França).
	29 e 30 de junho, na cidade de Jassy (Romênia), as tropas romenas matam 10 mil judeus.

12 A Saga

Junho: Himmler, um dos principais imediatos de Hitler, comunica ao comandante Hoss do campo de Auschwitz: "Hitler mandou a Solução Final para o assunto 'judeu', nós, da SS devemos cumprir essa ordem, e para isso foi escolhido Auschwitz, como centro dessa operação".

Guetos são estabelecidos em Kovno (Lituânia), Minsk (Bielo-Rússia), Vitebsk (Bielo-Rússia) e Zhitomer (Ucrânia).

25 e 26 de julho: 3.800 judeus são assassinados na Lituânia.

Agosto: guetos são estabelecidos em Bialystok (Polônia) e em Lvov.

26 de agosto: o exército húngaro encarcera 18 mil judeus.

1º de setembro: judeu-alemães são obrigados a usar a estrela amarela.

3 de setembro: o gás zyklon-B é usado pela primeira vez em Auschwitz.

6 de setembro: estabelecido o gueto de Vilna (Lituânia) com 40 mil judeus.

27 e 28 de setembro: os esquadrões da morte assassinam 33.771 judeus em Babi-Yar, perto de Kiev.

Outubro: fuzilamento de outros 35 mil judeus em Odessa (Rússia).

23 de outubro: proibida a emigração de judeus do Reich.

Novembro: os esquadrões reportam a morte de 45.476 judeus.

24 de novembro: estabelecido o gueto de Theresienstadt, perto de Praga (República Tcheca).

30 de novembro: fuzilamentos massivos na Lituânia.

8 de dezembro: começa a funcionar o campo de concentração de Chelmno (Polônia), perto de Lódz. Ali são utilizados pela primeira vez caminhões-jaula com monóxido de carbono no translado de judeus. Os primeiros mortos de Chelmno foram 5 mil ciganos.

16 de dezembro: durante uma reunião de gabinete, Hanz Frank, governador nazista da Polônia expressa: "Cavalheiros, devo solicitar-lhes que deixem de lado qualquer sentimento de piedade. Devemos aniquilar aos judeus onde quer que se encontrem, e cada vez que seja possível, para manter a unidade do Reich".

| 1942 | Janeiro: são levadas a cabo mortes coletivas utilizando o gás zyklon-B em Auschwitz-Birkenau. As vítimas são enterradas em valas comuns. |

20 de janeiro: na conferência de Wannsee é coordenada a Solução Final.

31 de janeiro: os esquadrões reportam o assassinato de um total de 229.052 judeus.

Março: começa a funcionar o campo de concentração de Belzec (Polônia), equipado com câmaras de gás permanentes, que usam monóxido de carbono e gás zyklon-B. Diversas deportações de judeus da França, Eslováquia de Lublin (Polônia) para Belzec e Auschwitz.

20 de abril: proibida a utilização de transportes públicos aos judeu-alemães.

Maio: começa a funcionar o campo de concentração de Sobibor (Polônia) com três câmaras de gás.

18 de maio: o *New York Times* informa em uma página inteira que os nazis tinham fuzilado com metralhadora 100 mil judeus nos Estados Bálticos, 100 mil na Polônia e o dobro no oeste da Rússia.

Junho: começa a utilização de caminhões-jaula com equipamentos de gás para extermínio em Riga.

1º de junho: os judeus da França, Holanda, Bélgica, Croácia, Eslováquia e Romênia são obrigados a usar a estrela amarela.

5 de junho: a SS reporta que 97 mil pessoas foram 'aniquilidas' em caminhões de gás.

30 de junho: começa a funcionar em Auschwitz uma segunda câmara de gás, Bunker 2.

2 de julho: o *New York Times* informa que mais de um milhão de judeus já tinham sido eliminados pelos nazistas.

7 de julho: Himmler autoriza experimentos de esterilização em Auschwitz.

16 e 17 de julho: 12.887 judeu-franceses são capturados em Paris e enviados ao campo de concentração de Drancy. Aproximadamente, 74 mil judeus, incluindo 11 mil crianças, são enviados de Drancy para Auschwitz, Majdanek e Sobibor.

22 de julho: começam as deportações do gueto de Varsóvia para o campo de Treblinka (Polônia) e dos judeu-alemães e belgas para Auschwitz.

23 de julho: começa a funcionar o campo de concentração de Treblinka equipado com duas edificações que continham dez câmaras de gás, sendo cada uma com capacidade para 200 pessoas. Posteriormente, os corpos eram queimados em fossas abertas.

De 26 a 28 de agosto: 7 mil judeus são detidos na França não ocupada.

9 de setembro: para prevenir a contaminação da água, os corpos começam a ser incinerados em Auschwitz e, portanto, com a mesma finalidade, são desenterrados mais 107 mil corpos.

18 de setembro: reduzida a ração alimentar dos judeu-alemães.

28 de setembro: a SS confiscou os bens dos judeus de Auschwitz e Majdanek. O dinheiro foi enviado ao Banco do Reich. A moeda estrangeira, o ouro e as jóias foram enviados ao quartel-general da SS, os relógios e as canetas são distribuídos entre a tropa, e as roupas, entregues às famílias alemãs.

Até fevereiro de 1943 mais de 800 caminhões com bens confiscados saem somente de Auschwitz.

5 de outubro: uma testemunha ocular alemã presencia um fuzilamento em massa a mando da SS.

Novembro: são mortos 170 mil judeus em Bialystok (Polônia).

Dezembro: desmantelam o campo de Belzec, onde foram assassinados 700 mil judeus. Logo a seguir foi semeado.

26 de dezembro: teve início a esterilização de mulheres judaicas em Birkenau.

1943 — O número de judeus exterminados supera um milhão. Os nazistas utilizam trabalho escravo para cavar e queimar os corpos, procurando eliminar quaisquer rastros.

18 de janeiro: é produzido o primeiro movimento de resistência no gueto de Varsóvia.

29 de janeiro: os nazistas ordenam o seqüestro de bens e o envio aos campos de concentração de todos os ciganos.

Fevereiro: todos os judeu-gregos são confinados em guetos.

14 de março: os nazistas liquidam o gueto de Cracóvia.

22 de março: começam a funcionar as câmaras 3, 4 e 5 em Auschwitz.

9 de abril: a atividade do campo de Chelmno é suspensa até a primavera, quando é reaberta para liquidar os guetos. Chelmno somou o total de 300 mil mortos.

Maio: o Dr. Mengelle — médico sadista que em nome da ciência fazia experimento com pessoas, especialmente crianças — chega a Auschwitz.

19 de maio: os alemães declaram "Berlin judenfrei" (livre de judeus).

21 de junho: Himmler ordena a liquidação de todos os guetos na Polônia ocupada. Os crematórios de Auschwitz funcionam com uma capacidade de eliminação diária de 4.756 corpos.

2 de agosto: depois de uma revolta, 200 judeus escapam de um campo de extermínio em Treblinka. Os alemães caçam um a um os fugitivos.

16 de agosto: o gueto de Bialystok é liquidado.

Agosto: terminam os extermínios em Treblinka, depois de aproximadamente 870 mil mortos.

Setembro: os nazistas liquidam os guetos de Vilna e Minsk.

4 de outubro: Himmler fala abertamente sobre o tema da Solução Final em Posen (Polônia).

14 de outubro: terminam os extermínios em Sobibor, depois de 250 mil mortos. No lugar, os nazis plantam árvores.

Novembro: os nazistas liquidam o gueto de Riga.

3 de novembro: os nazistas levam adiante a operação de extermínio denominada Festival Havest na Polônia ocupada, assassinando 42 mil judeus.

16 de dezembro: o cirurgião-chefe de Auschwitz reporta 106 castrações realizadas num dia.

1944
25 de janeiro: Hans Frank, governador nazista da Polônia, escreve no seu diário:"Talvez fiquem ainda uns 100 mil judeus no país". Os judeu-poloneses eram mais de três milhões.

26 de janeiro: quando se torna evidente que a guerra seria ganha pelos aliados, a Argentina rompe relações com Alemanha.

Enquanto ocorria perseguição na Alemanha, e durante o período em que durou a guerra, de 1939 a 1945, os alemães foram ocupando grande parte da Europa, invadiram a Inglaterra, sem, no entanto, ocupá-la e avançaram na Rússia. Os seus aliados eram Itália e Japão, os quais participavam com a sua ajuda no objetivo de dominar o mundo.

O evento Pearl Harbor abalou o mundo com o ataque traidor do Japão, alguns filmes retratando a entrada dos Estados Unidos e da Rússia na guerra empolgavam o público e geravam preocupações.

A guerra se tornou uma guerra mundial envolvendo um número grande de países. A Argentina demorou para se definir. Como vimos, esperando o desenlace, os navios de guerra, especialmente submarinos alemães, navegavam tranqüilamente em águas territoriais da América do Sul. No Brasil também tinham apoio da colônia alemã e chegavam até Blumenau onde eram recebidos como heróis.

Na medida em que o exército alemão se distanciava das fontes de abastecimento da Europa e avançava em direção ao centro da Rússia, o inverno deixou as tropas enfraquecidas e depois de um cerco prolongado da cidade de Stalingrado, as tropas alemãs foram obrigadas a se retirar.

Os russos deixaram os alemães avançarem com pouca resistência contando com o inverno próximo e queimavam as terras deixadas para trás para evitar serem fonte de suprimento de alimentos das tropas alemãs.

Com essa estratégia enfraqueceram o poder de fogo e a capacidade de luta dos inimigos e quando surgiu a confrontação direta, frente a um inverno rigoroso, a resistência foi organizada e o exército alemão derrotado.

A Inglaterra foi uma aliada importante na guerra, e apesar das duras baixas provocadas pelos intensos bombardeios alemães, Churchil conseguiu reagir e participar com a frota e com o exército inglês contribuindo para a derrocada do eixo.

No filme *Miss Handerson*, recentemente lançado, podemos sentir o espírito inglês durante os bombardeios alemães à cidade de Londres.

Os Estados Unidos, por sua vez, no final da guerra, provocaram a capitulação do Japão pela supremacia tecnológica e com o lançamento de duas bombas atômicas, sobre as cidades de Nagasaki e Hiroshima, que tiveram um papel devastador.

Em 1945, foi selada a paz após sangrentas batalhas que custaram a vida de milhões de cidadãos indefesos em grande parte do mundo, pela idéia de raça superior, ariana, dos alemães, que queriam impor ao mundo um regime ditatorial e dominar todas as nações.

Hoje, algumas discussões abordam se o povo alemão sabia ou não o que estava acontecendo dentro de suas fronteiras. Não tenho dúvidas de que sabia, uma vez que, como vimos, estava sendo beneficiado pela saída apressada e venda de propriedades assim como pela distribuição das roupas daqueles que eram destinados às câmaras de gás.

O motivo pelo qual o povo alemão não reagiu foi com certeza porque não se sentiu atingido além do que qualquer reação individual seria considerada um desafio ao regime ditatorial e severamente penalizado.

O fim da guerra e a libertação de prisioneiros de campos de concentração e de extermínio vieram mostrar ao mundo todo o horror perpetuado pelos alemães.

A assinatura da paz criou uma nova rivalidade entre Ocidente e Oriente, que se tornaria a guerra fria posteriormente.

Os russos barganhavam ficar com parte da Europa conquistada pelos alemães, os americanos, por sua vez, queriam desenvolver mercados e um mundo ocidental democrático, o que foi feito através do plano Marshall, com ajuda econômica e assistência tecnológica.

Na barganha por posições numa Europa dividida, a Alemanha foi separada em duas, uma Alemanha pertencente a então União Soviética e, a outra, a domínio e influências ocidentais.

Surgia assim uma nova geografia européia, com países alinhados ao comunismo e países democráticos apoiados pelos Estados Unidos e pelos Aliados.

Indenizações de guerra foram impostas aos alemães e foi criado o tribunal de Nurembeg para julgar os criminosos de guerra que tinham cometido atrocidades sob sistema hitlerista.

Durante os julgamentos, os criminosos tinham o argumento de que estavam obedecendo a ordens superiores, numa total demonstração de falta de humanidade moral, princípios éticos e caráter.

Muitos diziam que não sabiam o que estava ocorrendo, o que era uma grande mentira; o povo alemão estava ciente do que ocorria, mas como não era afetado, não se incomodava.

O mundo perplexo tomou ciência dos horrores da guerra e somente reagiu quando os Estados Unidos e a Rússia também foram atacados pelo eixo. Até então a Rússia de Stalin tinha assinado um acordo com Hitler de não-beligerância.

Era o ano de 1943, tinha terminado a escola Margariño Cervantes e a idéia prevalecente era continuar estudando. Para entrar na escola secundária era preciso fazer um preparatório.

Eu me preparei depois de terminar o primário e fui um dos últimos a ser colocado entre os aprovados. Muitos foram reprovados e eu tinha entrado, nesse ano, no famoso Colégio Nacional Mariano Moreno.

Era uma escola de verdade, de tamanho grande, situada num lugar central da cidade, para onde era necessário ir de condução.

Durante esse período, tínhamos mudado de endereço, e em vez da rua Camarones, nos mudamos para a Avenida Donato Alvarez, onde meus pais esperavam que fosse mais conveniente como local comercial.

A nova casa era grande e tinha cômodos suficientes, um pátio grande com jardim, onde minha mãe cuidava das plantas, e de uma parreira que dava uvas gostosas uma vez por ano.

Enquanto o mundo tomava conhecimento das atrocidades que os nazis cometiam nos campos de extermínio, a Argentina permanecia 'neutra'.

Não foi sem motivo que Adolf Eichmann, antes de ser executado em Israel, falou suas últimas palavras: "Viva a Alemanha, viva a Áustria, Viva a Argentina".

De casa até a escola tinha que andar dois quarteirões, para tomar o 'coletivo' ou o bonde para ir ao colégio.

No primeiro dia de aula tive uma grande surpresa quando encontrei Jaimito el colorado na mesma classe que eu.

Ele tinha entrado com uma pontuação bem superior que a minha, porém estávamos juntos novamente, e iríamos continuar durante os próximos cinco anos. Somado aos sete anos da escola primária, ficamos juntos durante 12 anos.

Atualmente ele mora em Paris, nos últimos anos tive oportunidade de encontrá-lo e visitá-lo. Tornou-se professor da Universidade de Paris e a esposa investigadora do Instituto Madame Curie.

No Colégio Nacional tive novos colegas, novos professores, um para cada matéria, em vez de um geral como era na escola primária.

Os professores eram interessantes, tendo cada um uma especialidade. As aulas tornaram-se muito agradáveis.

Havia uns poucos alunos judeus na classe que logo fizeram amizade.

Eu morava no bairro de la Paternal, enquanto o verdadeiro bairro judaico era Villa Crespo, onde existia todo o comércio varejista, semelhante ao antigo bairro do Bom Retiro em São Paulo.

Minha ligação com a Villa Crespo era 'zero', porém a partir do colégio comecei a conhecer os alunos de lá.

Capítulo 3

ADOLESCÊNCIA

(1945 – 1952)

No Colégio Nacional Mariano Moreno fiz novas amizades.

Foi uma abertura para o mundo, incluindo as viagens de bonde sempre lotado de manhã cedo, a visita à livraria que ficava em frente ao colégio, as novas vivências foram altamente significativas.

Entre os colegas de classe destacava-se Abraham Diezel, de Villa Crespo, e que era ativo na comunidade jovem do bairro.

Ele convidou Jaimito e eu para fazer parte do grupo de jovens, então, começamos a freqüentar um grupo maior de jovens que se transformaria gradativamente num Kadima, grupo juvenil sionista.

A participação nesse grupo vibrante com suas atividades preencheu um espaço importante na adolescência, com realizações que servem de experiência para o resto da vida.

Buenos Aires e a juventude judaica ferviam de atividades no meio estudantil e nas organizações partidárias dentro do movimento sionista.

Estavam divididos em partidos políticos de direita, como o Irgum, grupos de centro como o Hanoar e grupos trabalhistas como o Dror, e grupo mais à esquerda como o Hashomer.

Inicialmente fizemos parte do Hanoar e formamos um Ken (centro da juventude) na rua Murillo, na Villa Crespo, que posteriormente passou a pertencer ao grupo Hashomer.

As atividades de quase todos os dias consistiam em debates sobre a situação de Israel, frente à ocupação britânica, debates políticos sobre os futuros rumos de imigração da juventude para fundar kibutzim, intercalando os temas de canções e atividades culturais, com música, literatura, canto e danças.

Havia muitas excursões ao campo em caminhões, para passar o dia, programas de fim de semana em barracas com mochilas, como escoteiros que éramos, e também férias em outras cidades em acampamentos que chegavam a ter 500 jovens acampados.

Em certa ocasião, o desafio era ir de Buenos Aires até Córdoba para participar de atividades, só que como não tínhamos dinheiro era para ir de 'tremp' (ou seja, pedindo carona).

A distância era de cerca de mil quilômetros e depois de usar vários meios de transporte, como caminhões e veículos de passageiros, todos nos reencontrávamos no pátio do Ken de Córdoba. Foi uma experiência incrível.

A estrutura de um Ken era de madrijim (alunos dirigidos por um professor ou guia) e o grupo de madrijim era dirigido por um Rosh a Ken (cabeça do centro) que por sua vez reportava a uma Mazquirut (secretaria do movimento).

Com 16 anos já era madrij de grupo de janijim de 14 anos (meninas e meninos) e com 18, Rosh a Ken.

Fazíamos 'mesibot' (festas), pintávamos painéis informativos, decorávamos com iluminação as instalações da casa que ocupávamos e nunca deixávamos de passar uma festa tradicional sem festejá-la. Era Sucot com as cabanas, Pessaj com seu seder e assim por adiante.

Não éramos religiosos, e sim tradicionalistas.

Em grupo íamos assistir aos espetáculos do teatro Colon ao ar livre que eram oferecidos em verão no parque Centenário, ou então no inverno aos concertos na Faculdade de Direito.

Assistíamos a ensaios no teatro Colon e tivemos oportunidade de assistir Fredrich Gulda, virtuoso do piano, tocando num ensaio e em concertos.

A vida juvenil era cheia de emoções, me afastava do dia a dia de minha casa e também prejudicava meus estudos.

Até o quarto ano fui bem no colégio, porém no último ano, em 1948, meus estudos foram bastante prejudicados e terminei o ano com várias reprovações e nem me apresentara para a segunda época. O movimento juvenil tomava todo o meu tempo livre.

Um episódio marcante durante a época nessa escola e que contribuiu para minha mobilização em direção ao movimento sionista, foi o ambiente discriminatório predominate com relação aos judeus. Em primeiro lugar, existia uma disciplina chamada religião, ministrada por um padre, e como o número de judeus era pequeno, estávamos livres para não freqüentar essa disciplina. Ensino religioso era até então obrigatório nas escolas.

Outro episódio foi uma acalorada discussão com um colega de classe que me chamou de judeu de 'm e fdp' e, conseqüentemente, foi com ele que tive a minha única luta corporal, foi na saída da escola, na rua.

Lutamos durante um tempo sem maiores conseqüências físicas e, depois, fomos apartados por outros alunos que estavam assistindo. Após esse episódio, nunca mais nem ele, nem outro colega me provocaram.

Mas, em razão de ter chegado às vias de fato me marcou, e a lembrança dessa luta tenho carregado até hoje.

Durante a minha adolescência, como precisava de algum dinheiro para meus gastos pessoais e não queria depender da família, trabalhava nas horas vagas da escola com meu pai na loja, depois de um tempo tratei de buscar uma colocação em uma loja de sapatos, ramo que eu conhecia bem.

A primeira experiência foi desastrosa. Aos 17 anos, fui contratado como vendedor numa loja no centro da cidade, e, já no primeiro dia me mandaram limpar o chão. Indignado, recusei e deixei o emprego.

Outras experiências foram: ajudar estudantes da universidade que ficavam imprimindo apostilas num mimeógrafo, o que me ajudou com os gastos; a outra, muito interessante, foi trabalhar numa farmácia homeopática na Plaza do Congresso, onde ajudava no balcão e também preparava receitas no laboratório da farmácia.

Enquanto a adolescência transcorria numa grande euforia e motivação no convívio diário com muitos jovens, e o fim da guerra havia trazido novos ares de esperança de um mundo melhor por vir, milhares de emigrantes nazistas encontravam refúgio na Argentina.

Tanto em Buenos Aires, como na fronteira com Paraguay, em Córdoba e especialmente em Bariloche, os nazistas encontraram refúgio complacente para fugir dos processos de Nuremberg.

Em Bariloche era comum comemorar o aniversário de Adolf Hitler no Deutche Klub ou no Hotel Colonial, no dia 20 de abril.

Em 1948 foi declarada, após muitos meses de debates nas Nações Unidas e com o voto favorável do Brasil na figura de Osvaldo Aranha, a criação do Estado de Israel.

Foi uma semana de grande efervescência para a juventude. Editamos um jornal comemorativo, passamos a noite nas ruas distribuindo nas casas e nos restaurantes de Villa Crespo e do bairro do Onze e participamos de evento no estádio do Luna Park que reuniu uma multidão de 50 mil pessoas marchando pelas ruas do centro da cidade e se concentrando em ato cívico.

Estava criado o Estado de Israel, que viria a ser, logo, a seguir atacado por vários países árabes.

Menashe e Miriam eram meus dois amigos mais próximos. Enquanto nós éramos moderados, Jaimito tinha radicalizado suas idéias e isso nos distanciou um pouco.

Menashe se dispôs a ir a Israel para ser treinado como sheliaj (enviado) e ficou um ano lá. Quando voltou estava feito um jalutz (camponês), falava hebraico, conhecia muitas canções novas, estava muito politizado e nos contava da realidade no novo país.

Meu irmão Elias era o braço direito do meu pai na loja, tornando-se seu sucessor durante muitos anos.

Não sei por que, mas, para mim, o ambiente era estreito demais, ansiava por liberdade e parcialmente a tinha conseguido me ligando ao movimento juvenil sionista.

A Experiência na Bolívia

Fui para a Bolívia pouco antes de entrar na idade de fazer o serviço militar.

Nunca gostei do exército e da disciplina militar, em que as pessoas são mandadas sem direito de responder ou de dar opinião, e assim me preparei para viajar para Bolívia no final de 1951.

A minha aversão pela vida militar se originou dos relatos que meu irmão fazia durante sua permanência no exército argentino, onde ele não tinha chance de questionar as ordens e devia obedecê-las cegamente. Outro motivo da aversão era pelas atrocidades cometidas pelos militares, obedecendo ordens da Alemanha.

Sempre considerei que a atividade militar era desnecessária e que o armamento dos países só contribuía para criar inimizade entre povos e para o predomínio dos mais militarizados, sobre os menos preparados para a guerra.

A história das guerras e a matança de inocentes na Primeira Guerra Mundial e as atrocidades da Segunda Guerra Mundial me tornaram um pacifista, acreditando que somente o diálogo pode contribuir para o entendimento entre as nações para resolver os mais variados conflitos criados pelos homens.

Sair do país pela primeira vez — não ter idéia do que encontrar pela frente — com 19 anos, após uma intensa adolescência, deixar tudo, amigos e família, e ir para o desconhecido seria uma aventura incrível com muita adrenalina!

Minha mãe sofreu com a saída de casa. Esperavam por um breve retorno, o que nunca ocorreu, tão-somente visitas esporádicas, agora posso imaginar o significado da falta da convivência diária de um filho. A despedida foi dolorosa.

A viagem foi de três dias de trem e lembro-me que assim que o trem partiu tive uma crise de choro. O desligamento de tudo que tinha sido até então, para uma aventura totalmente nova.

A viagem pela Argentina foi agradável e com poucas paradas, mas a viagem pela Bolívia foi interessante —, índios e índias cholas com suas vestimentas típicas, nas estações vendendo comidas e objetos — eu acabara de entrar num país muito pobre e pitoresco.

O trem para poder subir era conduzido por duas locomotivas, uma puxava e a outra empurrava, uma na frente e outra atrás, e andava lentamente nos trilhos, subindo encostas na direção do altiplano.

O trem era confortável. Eu tinha uma cabina com aquecimento, havia um vagão restaurante, e a viagem foi tranqüila.

Um jovem padre tinha embarcado também em Buenos Aires e se dirigia para a Bolívia, numa cidade perto da fronteira.

Ficamos dois dias falando sobre catolicismo e judaísmo, e jogando xadrez, o que fez a viagem passar rapidamente.

O padre pretendia me convencer a respeito da religião católica, porém a minha postura, apesar de não muito religiosa, era bastante firme e sempre fui consciente de minha posição judaica, de minhas tradições e de minha fidelidade à humanidade e também ao judaísmo.

Estávamos nos aproximando de Cochabamba, já no terceiro dia de viagem, e a emoção aumentava.

Quando cheguei já avançada a noite, grande foi a minha surpresa ao ser recebido por uma delegação de jovens cochabambinos, filhos de imigrantes alemães, que tinham fugido da Segunda Guerra Mundial e encontrado refúgio na Bolívia.

Fui acolhido na casa de Gunter Frei, um jovem que fazia parte do movimento. Era uma família de costumes diferentes aos da minha casa e custou a adaptação, como o café preto da manhã, lavar-se numa bacia, entretanto era uma casa superlimpa e de gente muito amável e bem educada. Meu contato com a comunidade de imigrantes alemães foi muito prazeroso.

Meu único contato anterior com alguém dessa comunidade aconteceu em Buenos Aires, onde minha mãe tinha uma amiga alemã que era casada com um produtor de cinema, que vinha freqüentemente nos visitar e sempre trazia chocolate para mim e para meu irmão.

Ela era muito gentil, bem educada, e gostávamos dela. Sempre estava bem bronzeada pelo sol e vestida elegantemente.

Quando ela vinha a nossa casa era a oportunidade de minha mãe exercitar o seu alemão, que ela falava regularmente. Aliás, em casa a língua entre meus pais era o ídiche e com os filhos o castelhano.

A vinda dessa senhora era também festejada por meu pai, pois ela sempre acabava comprando alguns pares de sapatos.

Após poucos dias de estadia em Cochabamba, senti que teria bastante tempo livre, porque as atividades com a juventude eram à noite, então, decidi trabalhar para ter alguma renda.

Consegui um lugar na livraria Los Amigos Del Libro, com Werner Guttentag, um simpatizante das idéias do Hashomer.

Trabalhava meio-período, portanto, tinha tempo para preparar as atividades e me dedicar intensamente à juventude, como sheliaj.

Guttentag foi uma pessoa muito cordial e acolhedora, além de ser muito culto e amigo, ele me ofereceu oportunidade de uma ocupação prazerosa no meio dos livros. Foi uma experiência muito enriquecedora.

Organizávamos excursões, mobilizávamos com a juventude em torno de atividades culturais e preparávamos uma grande mesiba (festa). Nesse período, alguns pais mais religiosos e de direita iniciaram dentro da comunidade um processo contra mim, alegando que eu estaria encaminhando por caminhos errados a juventude.

Era um 'shitzgericht' (processo de julgamento) contra a minha pessoa, dentro da comunidade.

Tive como defensores: Martim Bielski, o próprio Gunter Frei e Werner Guttentag, além de meus janijim, que nada viam de errado na minha conduta. Acabei ganhando e não teve outras conseqüências.

Após vários meses de atividades fui enviado a La Paz para trabalhar com os jovens de lá, o que fiz durante um curto período de quase dois meses.

Conheci o gerente do Hotel Áustria e sua família. A família Stolzman administrava o hotel e fui muito bem recebido por eles enquanto estive em La Paz.

Guert Manase e Ruth Stolzman, que era filha do gerente do hotel, eram recém-casados, tinham uma filhinha pequena, Sonia, e estavam de mudança para o Brasil. Mais tarde eu entraria em contato com eles em São Paulo.

Não obtive grande sucesso em La Paz porque não tinha um local apropriado para mobilizar os jovens. Eu morava numa casa da comunidade para crianças.

Durante o Carnaval estava em La Paz e aproveitei para ir a um desses bailes. As figuras alegóricas e as fantasias eram totalmente diferentes e típicas, assim como as danças e as músicas. Aprendi o taquirari e apreciei o Carnaval de rua dos índios nativos bolivianos.

Estava impressionado com a pobreza da Bolívia, sendo as pessoas nativas muito jovens ou tornavam-se velhas e esgotadas prematuramente.

Na porta do correio elas ficavam sentadas esperando alguma encomenda para fazer e para ganhar forças no transporte de algumas cargas, mascavam folhas de coca.

O palácio de governo de La Paz tinha as marcas dos vários movimentos de revolta, com furos de balas em vários lugares. Eram deixados como recordação das revoluções ocorridas.

Meu tempo era dedicado à juventude imigrante da Alemanha.

No entanto, voltando muitos anos depois para participar de um congresso da Sociedade Latino-Americana de Estratégia (Slade), constatei que pouco tinha mudado e que a pobreza, infelizmente, continuava muito grande, especialmente na população nativa.

Voltei para Cochabamba depois do período em La Paz e iniciei um namoro com Eva Wendriner. Os pais, Wally e George Wendriner, eram gente muito boa e trabalhadora, tinham uma loja de bombons e balas ao lado do cinema Roxi.

Passeávamos de noite pelo Prado e comíamos os bombons que Eva me trazia da loja. Eva era companheira e ouvinte e eu que estava sem família, tinha nela uma amiga e namorada.

Fazíamos programas juntos de bicicleta pelos arredores de Cochabamba, ou com outros amigos da comunidade.

Eva me relatava o sofrimento da família com a saída da Alemanha no ano de 1939, quando estava sendo iniciada a Segunda Guerra Mundial.

O pai de Eva tinha sido preso pelo simples fato de ser judeu e enviado a um campo de concentração.

As gestões para resgatá-lo foram difíceis, quando após várias semanas conseguiram libertá-lo, foi com a condição de emigrarem. Estava irreconhecível quando voltou para casa. A cabeça tinha sido raspada, estava magro e sem barbear. As roupas rasgadas e os maus tratos recebidos eram espelhados num semblante desolado.

Tiveram que vender tudo que possuíam, especialmente a casa onde moravam e o pouco que conseguiram levar para o navio que os levaria para a emigração foi perdido porque o navio Horácio, em que viajavam, se incendiou no mar Mediterrâneo e a família foi resgatada por um navio italiano que os levou a Gênova.

Foram auxiliados pelo Joint (organização destinada ao auxílio dos refugiados de guerra) e reembarcados para Bolívia, que era o único país que aceitava refugiados judeus da Alemanha. Brasil e Argentina tinham fechado as fronteiras para imigrantes de guerra.

Mesmo que metade dos passageiros do navio incendiado pereceu no acidente, a família Wendriner, composta pelos pais, George e Wally, e dos filhos, Enrique e Eva, se salvou integramente em botes salva-vidas diferentes e se reencontrou em Gênova. Imagino que o reencontro deve ter sido emocionante para Wally e George.

Depois de quinze dias seguiram para Bolívia no navio Augusto, chegando ao porto de Antofagasta, no Chile, de onde foram levados para a Bolívia, que não possui saída para o mar.

A história da imigração alemã e suas conseqüências, como a febre de tifo que Dona Wally sofreu, foram comoventes para uma das milhares de famílias perseguidas pelo nazismo e suas hordas fanáticas e racistas.

A crença na supremacia da raça ariana e de um fanatismo desenfreado, somente comparável aos atos terroristas da atualidade ou a massacres étnicos da Bósnia, até hoje ficaram como fatos lastimáveis e inacreditáveis do que a maldade humana é capaz de produzir.

A vivência com a comunidade alemã que eu estava começando a compreender em todo o seu significado foi uma nova experiência de vida enriquecedora e que provocou amadurecimento nesse novo país para mim, acolhedor como foi, único na América Latina a permitir que essas pessoas se salvassem do genocídio que as esperava se tivessem ficado na Alemanha.

O exercício de liderança praticado com a juventude, a colaboração conquistada, a participação dos jovens e posteriormente de toda a comunidade numa festa organizada com coro, danças e teatro, foram altamente compensadoras e serviram para outras experiências posteriores como executivo e como consultor.

O namoro com Eva durou enquanto estive na Bolívia, porém caminhos diferentes nos esperavam: eu iria para um campo de treinamento no Brasil, que prepara jovens para imigrar para Israel num kibutz e Eva ficaria com seus pais na Bolívia.

Cada um estava firme no seu propósito de seguir o caminho planejado, apesar de gostarmos muito um do outro.

Capítulo 4

Penúrias de Imigrantes

(1952 – 1959)

arti para o Brasil, numa viagem parcialmente de avião e boa parte de trem. Cruzei a fronteira numa espécie de trenzinho do correio descoberto, porque não havia outra forma naquele dia, passamos por cima de uma enorme cobra que estava atravessada na ferrovia, e de Corumbá segui viagem de trem fazendo troca de trem em Ponta Grossa. Cheguei a Campinas, onde me esperavam para me levar até Monte Mor, na Hagshará do Hashomer Hatzair. Um grupo de aproximadamente 50 jovens estava se preparando para fazer aliá (ir a Israel) e a preparação consistia em trabalhar a terra, aprender a lidar com criação de animais e outras tarefas kibutzianas (camponesas).

O trabalho era pesado, embaixo de um calor sufocante. Começávamos cedo e terminávamos cedo. Então partíamos para o banho diário e o jantar que eram os momentos mais agradáveis do dia. Havia algumas atividades culturais como debates com palestras, ou sessões de música.

Apesar do ambiente acolhedor, senti que os jovens da época não queriam trabalhar muito, faziam o possível para não levar muito a sério a preparação para ir a Israel, e isso me desagradou. Simultaneamente mantinha assídua correspondência com Eva, e esta me anunciou que viria ao Brasil, para visitar o seu irmão que já estava instalado na casa de tios.

Todos os dias, eu ia de charrete até o povoado de Monte Mor buscar mantimentos e a correspondência, ansioso por notícias da Bolívia.

Tinha ficado doente com hepatite, fiquei de cama durante um longo período e estava queimado pelo sol por causa do trabalho no campo e tinha engordado em 3 meses 8 quilos com o trabalho e a boa alimentação.

Entusiasmado em reencontrar Eva e desgostoso com a preguiça encontrada (em parte justificada pelo calor) resolvi sair da Hagshará e ficar em São Paulo, poucos dias antes da chegada de Eva.

Fui recebido pelo joven casal Guert e Ruth, que tinha conhecido em La Paz e que me deram abrigo na casa deles, e eles também estavam começando a vida em São Paulo.

Moravam numa casa alugada em Indianópolis. Era uma rua que ficava totalmente coberta de barro nos dias de chuva e para não sujar os sapatos, o Guert e eu usávamos galochas. Mesmo assim, Ruth nos obrigava a tirar os sapatos porque ela era muito cuidadosa com a limpeza da casa.

São Paulo era, naquela época, uma cidade pacata de um milhão de habitantes. Depois das 10 horas da noite pouco movimento e pouca vida noturna havia na cidade.

Certo dia me encontrei com o Enrique, irmão da Eva que me convidou para ir ao cinema. Quando chegamos à Rua Barão de Itapetininga, não nos deixaram entrar porque eu estava sem gravata.

Para entender o Brasil de 1952, é preciso retornarmos ao que tinha ocorrido nos anos anteriores: em 1922 o Clube Militar é fechado e provoca uma reação em cadeia que sob o comando de Siqueira Campos e Eduardo Gomes inicia um levante no Forte de Copacabana.

Traídos pelo resto do Exército ficam sozinhos e dos 301 homens do forte, 273 deixam a guarnição e os 28 restantes decidem fazer uma marcha em direção ao Palácio do Catete. Na marcha, 10 desertam e ficam apenas 18. Quatro mil soldados aguardam ordem para acabar com a marcha e depois de duas saraivadas de tiros somente os dois líderes sobrevivem.

Em 1923 uma nova revolução tem lugar no Rio Grande do Sul. Era o movimento da oposição ao governo Borges de Medeiros, liderada por Joaquim Francisco de Assis Brasil.

No segundo aniversário da sublevação heróica dos 18 do Forte, em 1924 eclodiram sublevações militares em São Paulo O objetivo do golpe era derrubar o presidente Artur Bernardes, inimigo número um dos militares.

Da reunião dos revolucionários do Rio Grande do Sul e São Paulo, surgiu logo depois, em julho de 1924, a Coluna Prestes. Enfrentaram as tropas do general Rondon em combates sangrentos que duraram até abril de 1925. A Coluna Prestes fez uma marcha de 25 mil quilômetros por todos os Estados do Brasil, mais alguns trechos do Paraguai e da Bolívia.

A revolucionária Olga Benário, que veio ao Brasil e se apaixonou por Julio Prestes foi posteriormente deportada no governo Vargas para a Alemanha nazista onde foi executada na câmara de gás em 1942. A filha Anita Locádia sobreviveu aos horrores do holocausto.

Data também do início do século o surgimento do famoso Lampião, rei do cangaço, que terminou delatado por um comerciante e morto em 1938 junto a Maria Bonita e mais 8 cangaceiros.

Surge nessa época um novo Brasil, com Di Cavalcanti, Villa Lobos, Lasar Segall e a Semana da Arte Moderna.

Pouco tempo depois, em outubro de 1930, Getúlio Vargas faz a sua entrada triunfal no Rio de Janeiro, acompanhado de uma numerosa delegação de cavalheiros gaúchos. Era a entrada de uma figura típica de caudilho que iria ficar no poder por 30 anos. Foi a derrubada da chamada República Velha. E o início da ditadura.

Neste Brasil, de 1952 e após sair da Hagshara, tinha que escolher o que fazer, e como não tinha ninguém a quem recorrer, fui procurar o Guert, e este foi muito gentil e me ofereceu a casa para morar com a sua família, como já vimos.

A Ruth, além de extremamente cuidadosa com a limpeza da casa, cuidava do lar, fazia a comida e ainda trabalhava como único sustento inicial.

São Paulo era uma cidade pacata comparada com Buenos Aires, porém com muitos bairros novos surgindo e num desses moravam Guert e Ruth com a sua filhinha Sonia. Era o bairro de Indianápolis.

Do bonde até um pouco depois de Moema, para chegar em casa era necessário caminhar vários quarteirões de chão de barro na época das chuvas.

Durante esse percurso da volta, entre o bonde e a casa, eu comprava bananas numa quitanda, e faminto como me sentia, comia uma dúzia de bananas de uma só vez.

Os primeiros meses foram terríveis. Guert me convidou para trabalhar com ele numa oficina de confecção de roupas de mulher. A minha função seria de passar roupa. Nunca tinha feito isso, e ele me tranqüilizou: iria me ensinar e seria fácil de aprender.

Trabalhamos quase dois meses e não recebemos nenhum tostão com a alegação de que as roupas encomendadas também não tinham sido pagas. Sem ter recursos para cobrir os gastos mínimos de comida e condução, Ruth começou a trabalhar como manicure em uma barbearia da cidade, e com as gorjetas que recebia nos mantínhamos enquanto procurávamos outra ocupação.

Chegando em casa, brincava com Sonia, de pouco mais de um ano, e era um momento de alegria e relaxamento de nossos problemas imediatos.

Consegui pelo jornal um emprego como faturista na Casa Dini, na Rua do Gasômetro. Era uma importadora de objetos como porcelanas e talheres, que distribuía nas lojas por atacado. A Casa Dini era uma empresa familiar. O número de notas fiscais diários era muito grande e um dos filhos trabalhava comigo na emissão das mesmas, porém na medida em que me familiarizava com os códigos e produtos, foi deixando para mim todo o trabalho.

Os donos eram pães-duros e o salário era o mínimo da época e usavam uma luz de penumbra no local de trabalho, o que me provocou cansaço na vista e a necessidade de usar óculos poucos meses depois. Na hora de almoço comia dois sanduíches que a Ruth preparava com carinho para mim e para o Guert levar no trabalho.

Na garagem do local de trabalho, lia quando era possível o jornal que havia na empresa. Em certo dia, um dos filhos veio buscar o carro dele na garagem enquanto eu comia, e vendo-me falou: "como é ruim ser pobre", e seguiu seu caminho pegando o seu carro novinho Citröen importado.

A lembrança desse episódio ficou marcada para mim.

Enquanto eu trabalhava na Casa Dini, Eva conseguira um trabalho no escritório da companhia Eletro Radiobrás, uma empresa que ficava próxima da Rua do Gasômetro, mais precisamente na Rua Nestor Pestana. Dessa forma, e sempre que possível, ia esperá-la na saída do trabalho.

Continuamos namorando, ela ficou na casa dos tios Ernesto e Ruth Laband e mantinha contato com o irmão Enrique.

Decorridos seis meses, resolvi deixar esse emprego, pois conseguira outro com intervenção e ajuda do tio de Eva, Ernesto, que falou com Otto Heller, cônsul da Áustria e dono de uma fábrica de compensados em Socorro, bairro próximo a Santo Amaro, chamada Movelar.

Tinha uma posição mais favorável, era encarregado do escritório, a remuneração era bem melhor, e meu trabalho era diversificado, o que me permitiu aprender sobre gestão e administração.

Fiquei somente 6 meses na Movelar. Como havia juntado algum dinheiro e aprendido a fazer folha de pagamento, consegui um emprego como encarregado de pessoal, indo, num domingo, falar com o sr. Adelino, o dono da Arbame, num campo de futebol. Sr. Adelino apreciou meu interesse em buscar trabalho num domingo e sem faltar do emprego atual, então me contratou imediatamente para trabalhar na sua conceituada empresa que fabricava produtos de baquelite (plástico para material elétrico).

Nesse período também havia me mudado para uma pensão em Higienópolis, na Rua São Vicente de Paula, onde mais tarde minha filha Sofia e o marido Dov compraram um apartamento pela redondeza. O quarto era para três, a comida era 'sofrível', porém o problema eram as pulgas e os pernilongos na época do verão e das chuvas. Sobrevivi a isso até o meu casamento com Eva.

O salário na Arbame era muito melhor, o cargo mais importante, porém tinha um aspecto negativo. A disposição das mesas era de certa maneira que não permitia conversar com os colegas, e a mesa do dono ficava em frente, pois caso levantássemos a cabeça do trabalho o sr. Adelino estava com seus olhos cravados em nós.

Era um regime quase militar que me desagradou. No entanto, tive oportunidade de conhecer um consultor chamado Fedor Weinchenk, que me requisitou para ajudá-lo na implantação de um sistema de custos.

Esse consultor tinha um padrão de vida elevado, carro bom, um assistente que também tinha carro, e somente me dava algumas orientações, pois tinha contato direto com os donos.

Gostei do trabalho do consultor e passado um ano e meio, ele me convidou para trabalhar com ele como assistente.

Nesse meio tempo, em 24 de agosto de 1954, e cumprindo uma promessa "so sairei morto do Catete", Getúlio Vargas suicidou-se após sofrer pressões de políticos da oposição. O seu último bilhete dizia: "A sanha dos meus inimigos deixo o legado de minha morte, levo o pesar de não ter podido fazer pelos humildes tudo aquilo que eu desejava". Café Filho passou, então, a ser o novo presidente do Brasil.

Surgimento do Peronismo

Já longe da Argentina desde fim de 1951, acompanhava os acontecimentos que lá ocorriam.

Vimos anteriormente que Castillo era o presidente da Argentina no início da década de 1940 e que tinha uma linha de atuação pró-nazista. No entanto, continuando com o que ocorreu no país em junho de 1943, exatamente no dia 4, se realiza um levante nos quartéis de Campo de Mayo, apoiados por outros quartéis, que terminam derrubando o presidente. Ele foge num navio para o Uruguai, e quando está chegando a Colônia, decide retornar e solicitar demissão.

A SAGA

Para sucedê-lo, toma posse o general Rawson, que renuncia um dia depois entregando o cargo ao general Pedro P. Ramírez. Conhecida como 'revolução não política', foi simplesmente mais uma revolução militar.

Eu tinha nessa altura dos acontecimentos 12 anos e recordo bem o dia da revolução, quando tanques de guerra passaram perto de minha casa, todos os negócios foram fechados e o dia foi de 'estado de sítio', ou seja, não era permitido sair de casa.

No mesmo 4 de junho foi iniciada a perseguição aos comunistas e o movimento anti-semita dos militares de direita ganhou nova força.

No dia 8 de junho o coronel Juan Domingo Perón assumiu o cargo similar ao de um ministro no Ministério do Trabalho. No seu discurso de posse, ele se definiu como 'espiritualista, sindicalista, anticomunista e anticapitalista'.

A primeira medida do presidente Ramirez foi dissolver o Congresso. Estava instalada a ditadura militar.

Quando Ramirez renunciou e Farrel o substituiu na presidência, Perón, que tinha atuado intensamente para se tornar popular, foi designado vice-presidente em julho de 1944, pouco tempo depois de a Argentina ter cortado relações com Alemanha. Até então, Perón era defensor do eixo e dos nazistas.

Para obter o apoio dos empresários, Perón utilizou o fantasma dos comunistas e prendeu líderes sindicais, falando da necessidade de terminar com as greves.

Teve apoio dos operários do setor frigorífico, e quando Perón foi detido por parte do exército e enviado para a Ilha de Martim Garcia, os movimentos operários liderados por esse setor fizeram uma série de manifestações e exigiram que o libertassem.

Meio milhão de pessoas reunidas na Plaza de Mayo proclamaram Perón presidente, e este foi levado para os balcões da Casa Rosada, onde Farrell anunciou a sua renúncia e a designação de Perón. Era 17 de outubro de 1945. Era o trunfo do movimento justicialista, dos descamisados de Juan Domingo e Eva Perón.

Em agosto de 1946 foram realizadas eleições e o general Perón foi escolhido presidente oficialmente e por vontade popular.

Em 15 de abril de 1952, a Confederação Geral do Trabalho (CGT) convocou uma greve geral e uma manifestação com o objetivo de dar apoio a Perón devido à crise inflacionária e às dificuldades econômicas que atravessava o País. Discursando, Perón culpou aos inimigos do povo e incitou às massas a agirem para puni-los.

Então, a Casa do Povo, sede do Partido Socialista, foi atacada, com gritos como, "Judeus, vão embora para Moscou". Um caminhão derrubou a fachada do jornal La Vanguardia e colocaram fogo queimando livros da biblioteca.

Também entraram no Jockey Club e destruíram obras de arte.

Em junho de 1955, movimento capitaneado pela Marinha e com apoio das Forças Armadas ataca a Plaza de Mayo com a intenção de matar Perón. Ele saiu ileso, porém teve de renunciar e se refugiar na Embaixada do Paraguai. O presidente Augusto Stroesner mandou buscá-lo com um helicóptero.

Lonardi foi colocado como presidente provisório e o almirante Isaac Rojas como vice.

Os militares formaram o Partido Militar e nas décadas de 1960 e 1970 entra a Resistência Peronista como partido de oposição.

Tomando novamente o poder em 1955, os militares dissolvem novamente o Congresso, intervêm na CGT, e implantam uma nova ditadura. Tudo que diz respeito a Perón fica terminantemente proibido. O País inteiro é censurado, inclusive as universidades.

Mesmo com todas essas atitudes, os 'gorilas', como eram denominados os militares graduados, não estavam satisfeitos com a atuação de Lonardi por considerá-la fraca, e em 13 de novembro de 1955, com um golpe interino, demovem Lonardi e designam o general Pedro Eugenio Aramburu, que dissolve o Partido Peronista e intervêm também nos sindicatos.

Todos esses fatos no País vizinho mostram a verdade da inexistência de regimes democráticos durante longos anos, o que provocou a conseqüente apatia da população pela política e a governança de poucos sobre muitos, sem processos de eleições livres.

A época de Aramburu se caracterizou pela violência, pela matança de operários peronistas, pela perseguição de sindicalistas, pela total repressão às greves e pela tortura massificada.

Em fevereiro de 1958 foram realizadas eleições diretas e dois candidatos se apresentaram: Ricardo Balbini e Arturo Frondizi. Frondizi ganhou as eleições segundo consta, com o apoio desde o exílio de Perón.

O novo governo teve a intenção de promover o desenvolvimento dos setores essenciais para o País promovendo a chegada de capitais estrangeiros interessados em investir.

No entanto, a forma como se encontrava o Estado quando Frondizi chegou ao poder não permitia planos arrojados por falta de recursos.

Em 1958 foi aberta a exploração de petróleo para grupos estrangeiros o que permitiu a retomada da produção com novas pesquisas de fontes.

Em 1959, a inflação era galopante, a produção tinha caído e os níveis de desemprego aumentado, as tarifas públicas tinham sido majoradas consideravelmente.

Esse mesmo ano foi crítico, os militares pressionando para maiores medidas de repressão e os peronistas demandando maiores liberdades, tudo no meio do caos provocado por inflação fora de controle e paralisação dos investimentos por parte dos industriais.

Enquanto isso, no Brasil, em 1954, Juscelino Kubitschek se lança como candidato à presidência pelo Partido Social Democrata (PSD), em substituição ao presidente Café Filho, e quando em outubro de 1955 se efetivam as eleições e ele sai vencedor, Café Filho participa com a então União Democrata Nacional (UDN) de uma tentativa de golpe para evitar que o presidente eleito tomasse posse.

O general Lott evitou, agindo com neutralidade, que fosse impedida a posse de J.K.

O governo J.K. se caracterizou por uma profunda mudança no Brasil, promovendo o desenvolvimento, criando uma indústria automobilística, desbravando o interior com a criação de Brasília e estimulando a vinda de capitais e empresas estrangeiras.

O plano de metas do governo J.K. era de "50 anos em 5".

Ele, politicamente, e já em 1959, adotou uma postura de romper com o FMI, e de homenagear Fidel Castro, o que significou uma atitude desalinhada da dos Estados Unidos.

Em 1961, com uma significativa votação, é escolhido para presidente Jânio Quadros, que deu continuidade à postura de J.K. se recusando a apoiar o bloqueio dos Estados Unidos a Cuba, além de enviar João Goulart, o Jango, que era o vice-presidente para China Comunista e Alemanha Oriental.

Jânio também cumprimentou o astronauta soviético Yuri Gagarin, ofereceu ao guerrilheiro Che Guevara a Ordem do Cruzeiro do Sul em Brasília e voltou a homenagear o presidente cubano Fidel Castro.

Em agosto de 1961, Carlos Lacerda, que tinha apoiado a eleição de Jânio pela UDN, faz um inflamado discurso no rádio denunciando uma suposta tentativa de golpe articulado por Jânio. No dia seguinte, após 7 meses de governo, Jânio Quadros pede a sua renuncia e surpreende a nação. Alega que 'forças terríveis' o estariam pressionando.

Perto de sua morte em 1992, ele admitia que a renúncia tinha sido um blefe e que ele esperava que as Forças Armadas e a população não aceitassem.

No entanto, a sua artimanha não resultou como imaginava, e assume o poder João Goulart, no dia 7 de setembro de 1961. A imagem de Jango era a de um comunista e sindicalista, que se dizia democrata. A sua curta gestão foi marcada pela falta de poder para governar, pressionado por diversos setores.

Convite para Consultoria

O convite de Weinchenk para trabalhar com ele na consultoria era muito atrativo, e se repetiu novamente quando estava no meu novo emprego na Trol.

A dona Ruth Loebman conhecia a mãe de Herbert Jonas e encontrando com ela na feira perguntou se o filho não teria um lugar para mim na Trol. Poucos dias depois fui convidado a uma entrevista com Herbert Jonas. Era um sujeito arrogante que reportava diretamente ao Ralph Rosenberg, dono da empresa, e respondia por toda a parte administrativa e financeira.

Jonas me propôs ser encarregado do controle de estoques. Estávamos em 1954.

Eu aceitei de bom grado assumir uma seção de oito funcionários que já trabalhavam no setor. Levei algum tempo para entender toda a mecânica dos controles de produtos acabados, de produtos em andamento e de materiais de almoxarifado, especialmente para entender os intrincados meandros da política dentro da empresa.

Em 1955, fiz um curso no Idort que mudou novamente a minha vida. Era o curso de Estudos de Tempos e Métodos, dirigido pelo professor Giusepe Michelino.

Fui o melhor aluno da turma, levei a nota máxima que era dez e na cerimônia de entrega de diplomas do curso fui homenageado.

Após esse curso, iniciei um novo setor na Trol e fui transferido de Controle de Estoques para Racionalização do Trabalho. Estava ganhando bem para os padrões da época e meu cargo era de chefia de seção.

Em 1954, Eva e eu ficamos noivos, em outubro de 1955 nos casamos. Meus pais vieram da Argentina para o casamento, e meus sogros, muito gentis, nos ajudaram com todos os preparativos. Eles também tinham resolvido vir morar no Brasil, deixando a Bolívia e se juntando aos dois filhos que estavam em São Paulo.

A cerimônia foi linda. Também fizemos um almoço para família e amigos próximos. Entre eles, Ruth Laband, que convidou Luba Klabin, que nos prestigiou com a sua presença.

Compramos a prestação o mínimo necessário, isto é: uma cama, e fomos morar transitoriamente com os pais de Eva. Eles tinham uma casa que o Enrique tinha comprado para eles morarem e lá nos acomodamos

Almoço do casamento, no Clube Suíço, SP, de Luis Gaj, com seus pais à sua direita, e Eva Wendriner, com seus pais à esquerda. À direita, tia Ruth e Luba Klabin.

durante mais de dois anos, até que conseguimos comprar a nossa na Rua Chicago, no Brooklyn Novo.

Morar nessa casa foi uma experiência muito interessante, onde não tinha asfalto e nossas crianças brincavam na rua com os filhos dos vizinhos.

Nas festas juninas fazíamos fogueira no meio da rua e todos os vizinhos se juntavam em torno dela com os filhos para bater um papo gostoso.

Novamente contamos com a ajuda de outro tio de Eva, o Dr. Salo-Loebman, que era na época diretor químico da Nitroquimica, do Grupo Votorantim, para a compra da casinha da Rua Chicago.

A irmã dele, a minha sogra, dona Wally tinha falado com ele que nos faltava uma parte para dar a entrada da casa, então ele nos emprestou a quantia necessária, que mais tarde devolvemos, sem que ele aceitasse qualquer correção do valor principal.

Após cursar o programa do professor Michelino no Idort, e com os novos conhecimentos criei na Trol o setor de Tempos e Métodos. Até então o próprio presidente da empresa fixava o tempo das operações sem muita técnica, e a minha atuação criou novos parâmetros de produtividade na empresa.

Depois de pouco tempo, fui promovido a encarregado de tempos e métodos e, a seguir, encarregado de controles fabris que compreendia além de tempos e métodos também qualidade e planejamento da produção. Desempenhei essa função durante algum tempo e depois fui nomeado gerente da produção.

A Trol estava crescendo muito e se tornando a maior empresa de plásticos do País. Iniciou-se a mudança gradativa para a fábrica nova na Via Anchieta. Eram instalações amplas, porém de uma construção barata e deficiente em termo de instalações sanitárias, refeitório e outras acomodações para o bem-estar do pessoal.

Na mudança havia dois fortes candidatos a dirigir toda a produção, e eu fui escolhido.

Tinha participado de um programa de treinamento único na Alemanha. O Sr. Ralph Rosenberg participava no Brasil como sócio minoritário numa empresa alemã, a Petri do Brasil, e pela sua relação conseguiu um estágio para mim. Fui a única pessoa a ser enviada ao exterior pela Trol.

Fiquei na Alemanha em Aschaffenburg am Main durante quase seis meses, numa experiência de extraordinário valor como aprendizagem, tanto no aspecto profissional como de convivência com gente diferente. Tive no início bastante dificuldade em conviver com os alemães em razão da Segunda Guerra e de terem sacrificado milhões de judeus.

Antes de ir para essa viagem ao exterior, eu tinha completado meus estudos na Faculdade de Administração da Universidade Católica — Escola Superior de Administração de Negócios (Esan), durante quatro anos no período noturno.

O esforço tinha sido grande, mas foi compensador. A viagem para Alemanha foi um prêmio a este esforço e na volta a designação como dirigente máximo da produção com mil empregados a meu cargo foi um desafio motivador.

O meu estilo calado e sério criou respeito e alguma admiração, e alguns funcionários me perguntavam se eu tinha estudado para padre, quando na realidade era judeu.

Fiquei trabalhando na Trol durante mais de 10 anos. Senti na pele a força da política interna de uma organização, como lutar para vencer e como superar desafios importantes.

Um episódio marcante foi uma ocorrência no turno da noite.

Um funcionário indisciplinado que operava uma máquina vinha trabalhar armado e ameaçava a chefia quando alguém queria algo dele. Ficava sentado em cima de sua máquina em vez de operá-la.

Tive de ser drástico e dispensá-lo para impor respeito e disciplina no horário noturno, após ter constatado, numa visita de surpresa no turno da noite, que ele ficava realmente sem fazer nada. No dia seguinte à dispensa fiquei preocupado que algo pudesse ocorrer comigo, mas felizmente nada aconteceu.

Outro evento marcante foi uma chuva torrencial que provocou uma inundação de grandes proporções na fábrica, estragando materiais e prejudicando a produção. Lembro-me que passamos a noite com Rosenberg, tirando a água e varrendo a lama para fora da fábrica, para no dia seguinte continuarmos produzindo.

A Viagem para Alemanha, Estágio na Lendkradwerk Gustav Petri

Viajar para Alemanha poucos anos depois de terminada a guerra tinha um sabor todo especial. De um lado não podia pensar que o povo alemão em si tivesse tido o sangue frio e o espírito de tentar aniquilar os judeus de toda a Europa, e também outras minorias, como a dos ciganos, homossexuais e doentes mentais e, dessa maneira, algo me dizia que a ação fora provocada por algo desconhecido, talvez a própria crise anterior à guerra.

Claro que isso não justificava o que tinha ocorrido, mas despertava a curiosidade de conhecer o povo alemão de perto.

Ao mesmo tempo, a recuperação alemã do pós-guerra tinha sido tão rápida e eficaz que me deixava intrigado sobre o que os alemães tinham feito para conseguir se recuperar tão fortemente.

Começando com a eficiência na chegada, fui recebido por uma pessoa que ocupava cargo na firma Petri semelhante ao meu.

Essa empresa era a maior fabricante de direções para veículos da Alemanha, e também possuía uma divisão de plásticos onde eram produzidos produtos semelhantes aos que fabricávamos na Trol, na divisão industrial.

Fui hospedado num hotel que ficava perto da fábrica, até onde podia ir a pé, porém decidi adquirir um carro simples para evitar o frio forte que me esperava no inverno europeu.

A minha permanência foi de um duro inverno, iniciando em outubro e indo até março, portanto, todo o período de maior frio.

A experiência com o carro foi interessante: após tê-lo adquirido com ajuda do meu cicerone, que era o Erich Stapf, tinha que licenciá-lo na polícia.

Quando chegamos à delegacia para essa finalidade, nos informaram na pequena cidade de Aschaffenburg, cidade de 50 mil habitantes, que não seria possível porque eu era estrangeiro e não tinha residência permanente na Alemanha. Não adiantaram os argumentos do Stapf.

O policial que nos atendeu, que era um ferido de guerra e andava de muletas, estava irredutível.

Pedimos para chamar o chefe. Pouco tempo depois apareceu o chefe dele que confirmou que não seria possível licenciar o carro Volkswagen adquirido.

Já bravo por ser atendido por um ferido de guerra, cujo passado recente desconhecia, e por burocratas sem consideração, no meu alemão relativo fiquei bastante zangado e ameacei ir aos jornais e denunciar o tratamento recebido. Falei em tom alto e enérgico, logo depois os dois desapareceram por uns instantes, voltaram e me forneceram o licenciamento requerido.

Moral da história: para lidar com alemão burocrático, em vez do famoso jeitinho brasileiro, um grito pode ser o necessário para impor respeito.

Impossível descrever em breves linhas tudo que aprendi nesse estágio na Petri. No entanto, relatarei alguns aspectos que podem interessar ao leitor.

Se por um lado encontrei burocratas na delegacia, o mesmo não ocorre na indústria. As atividades se restringem ao necessário e tudo que é superficial é descartado.

Em geral, no Brasil existe sempre nas organizações uma área de recursos humanos que ocupa 1% de todo o contingente de pessoal, entre departamento pessoal, treinamento e serviços sociais. Pois bem, na Petri não existe ninguém nessa função.

Isso é possível porque não existe nenhuma exigência burocrática na gestão de pessoal, e a secretária do presidente é quem faz a folha de pagamento e a contabilidade e quem admite e demite.

Na portaria, que é totalmente automatizada, só trabalha uma pessoa, que faz também o recebimento dos materiais, encaminhando-os ao almoxarifado.

No período que passei na Petri, tive liberdade e oportunidade para passar por todos os setores da empresa, e constatei com surpresa que sem esforços espetaculares, tão-somente trabalhando com precisão e conhecimento de causa, é possível ser altamente eficiente.

Meu contato era com jovens que não tinham passado a guerra combatendo, apesar de alguns terem feito parte durante um período da juventude hitlerista.

Porém, quando em contato com gente de mais idade sentia sempre um certo mal-estar, um incômodo inevitável ao saber que eram pessoas que de alguma forma participaram, ativa ou passivamente, nos acontecimentos recentes.

Certo dia amanheceu nevando e na chegada à fabrica tive a surpresa de ver que os funcionários estavam no pátio brincando com bolas de neve que atiravam uns aos outros. Era a primeira neve do ano e era permitida esta manifestação de alegria de pessoal. De maneira alguma isso prejudicaria o desempenho elevado.

Um final de semana resolvi fazer uma viagem em direção ao sul para conhecer alguns lugares. Levantei cedo, tive que esquentar a chave do carro para introduzi-la na fechadura congelada e depois de conseguir dar partida, peguei a estrada que tinha planejado. Era de manhã bem cedo, encontrei a estrada completamente deserta. Não tinha ninguém, nenhum veículo transitando. Pensei: "Será porque é fim de semana e cedo?" Continuei por um tempo pela estrada, estava bastante frio e desconfiando de que algo estaria errado, e após circular por uns 15 minutos sem avistar absolutamente ninguém, resolvi sair da estrada.

Procurei um lugar para me informar o que estava acontecendo e num posto de gasolina me informaram que a estrada estava perigosa por estar com 'glateiss', ou seja, gelo escorregadio e por esse motivo tinham anunciado pelo rádio que estava proibido transitar por essa estrada.

Prossegui por estradas vizinhas que, em geral, acompanham as autobans (estradas principais).

A Alemanha no inverno deixou lembranças inesquecíveis, como ficar dentro de um local todo envidraçado e quente, observando a neve cair e tudo branco lá fora. A região do Spessar é particularmente atraente por seus bosques.

Na cidade de Munique estive no local onde Hitler iniciou parte de sua campanha e fez seus inflamados discursos, num local onde servem cerveja com mulheres fortes vestidas de tirolesas.

Apesar de estar perto de Dachau, que foi um dos mais famosos campos de concentração, não tive coragem de chegar até lá para ver o lugar.

Quando estive em Heidelberg, tive uma experiência diferente com a cidade cinzenta no inverno sem sol, e subindo um pouco em direção a um restaurante que ficava na colina, estava tudo coberto de neve e um forte sol nos esperava.

Garmish Parkenkirchen foi outro lugar impressionante, na fronteira e na montanha, com estação permanente de esqui, onde tentei tomar sem sucesso algumas aulas. As montanhas nevadas eram impressionantes. É o lugar mais alto da Alemanha.

A disciplina no trânsito é de impressionar. Para as conversões se tornam filas, mesmo que exista bastante lugar pelas outras vias, e ninguém ultrapassa onde é proibido, nem corta outros veículos.

Somente quando iniciei o meu retorno via Milão (Itália), é que me senti novamente em casa, com o caos do trânsito de uma cidade latina, o que me fez relembrar São Paulo.

Sem dúvida, essa primeira viagem ao velho mundo seria muito útil na minha vida por vir na Trol, e logo depois como consultor.

Apesar de ter feito uma carreira que se iniciou com controle de estoques, depois com Controles Industriais e, finalmente, com produção, e tendo vivido numa época em que a busca de produtividade era uma demanda e uma pressão grande em cima dos operários, alguma coisa me deixava insatisfeito.

O trabalho em linhas de produção utilizando cronômetro para fixar o tempo em que as tarefas repetitivas tinham que ser realizadas era um trabalho quase desumano.

Nessa época tive a oportunidade de assistir ao filme *O grande ditador* de Charles Chaplin, e a mensagem enviada por ele em seu "Último Discurso" veio calhar com o meu sentimento.

Desde então, consegui uma cópia, pendurei o discurso na parede do meu escritório e sempre que tenho oportunidade de relê-lo me emociono. Por isso, e para que o leitor também possa se emocionar, aqui segue.

O Último Discurso

Sinto muito, mas nao pretendo ser um imperador. Não é este o meu ofício. Não pretendo governar ou conquistar quem quer que seja. Gostaria de ajudar — se possível — judeus, o gentio... negros... brancos.

Todos nós desejamos ajudar uns aos outros. Os seres humanos são assim. Desejamos viver para a felicidade do próximo — não para o seu infortúnio. Por que havemos de odiar e desprezar uns aos outros? Neste mundo há espaço para todos. A terra, que é boa e rica, pode prover a todos de nossas necessidades.

O caminho da vida pode ser o da liberdade e da beleza, porém nos extraviamos.

A cobiça envenenou a alma dos homens... levantou no mundo as muralhas do ódio... e tem nos feito marchar a passo de ganso para a mi-

séria e os morticínios. Criamos a época da velocidade, mas nos sentimos enclausurados dentro dela. A máquina, que produz abundância, tem-nos deixado na penúria. Nossos conhecimentos fizeram-nos céticos, nossa inteligência, empedernidos e cruéis. Pensamos em demasia e sentimos bem pouco. Mais do que máquinas, precisamos de humanidade. Mais do que de inteligência, precisamos de afeição e doçura. Sem essas virtudes, a vida será de violência e tudo será perdido.

A aviação e o rádio aproximaram-nos muito mais. A própria natureza dessas coisas é um apelo eloqüente à bondade dos homens... um apelo à fraternidade universal... à união de todos nós. Neste mesmo instante a minha voz chega a milhões de pessoas pelo mundo afora... milhões de desesperados, homens, mulheres, criancinhas... vítimas de um sistema que tortura seres humanos e encarcera inocentes. Aos que puderem me ouvir eu digo: "não desespereis". A desgraça que tem caído sobre nós é mais do que o produto da cobiça em agonia... da amargura de homens que temem o avanço do progresso humano. Os homens que odeiam desaparecerão, os ditadores sucumbem e o poder que do povo arrebataram há de retornar ao povo. E assim, enquanto morrem homens, a liberdade nunca perecerá.

Soldados. Não vos entregueis a esses brutais... que vos desprezam... que vos escravizam... que arregimentam as vossas vidas... que ditam os vossos atos, as vossas idéias, os vossos sentimentos. Que vos fazem marchar ao mesmo passo, que vos submetem a uma alimentação regrada, que vos tratam como um gado humano e que vos utilizam como carne para canhão. Não sois máquinas. Homens e com amor à humanidade em vossas almas. Não odieis. Só odeiam os que não sabem amar... os que não se fazem amar e os inumanos.

Soldados. Não batalheis pela escravidão. Lutai pela liberdade. No décimo sétimo capítulo de San Lucas é escrito que o reino de D'eus está dentro do homem — não de um só homem ou um grupo de homens, mas dos homens todos. Está em vós. Vós, o povo, tendes o poder — o poder de criar as máquinas. O poder de criar felicidade. Vós o povo, tendes o poder de tornar esta vida livre e bela... de fazê-la uma aventura maravilhosa. Portanto — em nome da democracia... usemos desse poder, unamo-nos, todos nós. Lutemos por um mundo novo... um mundo bom que a todos assegure o ensejo de trabalho, que dê futuro à mocidade e segurança à velhice.

E pela promessa de tais coisas que desalmados tem subido ao poder. Lutemos agora para libertar o mundo, abater as fronteiras nacionais, dar fim à ganância, ao ódio e à prepotência. Lutemos por um mundo da *razão, um mundo em que a ciência e o progresso conduzam à ventura de todos nós. Soldados, em nome da democracia, unamo-nos.*

Hannah, estás me ouvindo? Onde te encontres, levanta os olhos. Vês, Hannah? O sol vai rompendo as nuvens que se dispersam. Estamos saindo da treva para a luz. Vamos entrando num mundo novo... um mundo melhor, em que os homens estarão acima da cobiça, do ódio e da brutalidade. Ergue os olhos Hannah. A alma do homem ganhou asas e afinal começou a voar. Voa para o arco íris, para a luz da esperança. Ergue os olhos, Hannah. Ergue os olhos.

"Não sois máquinas. Homens é que sois."
CHARLES CHAPLIN

Capítulo 5

REALIZAÇÃO PROFISSIONAL

(1959 – 1966)

Discurso de Chaplin representava uma certa contradição com o que eu estava fazendo comandando produção e produtividade. O desconforto era compensado pelos desafios que enfrentava e pela busca de uma certa forma de justiça no ambiente de trabalho.

Aprendi muito na Trol, talvez ficasse tempo demais nessa empresa, e após quase doze anos, resolvi sair, uma vez que me sentia maduro para enfrentar novos desafios.

Insatisfeito com a forma como a empresa estava sendo gerida pelo presidente, que era muito autocrático e paternalista, decidi, após um período de perna quebrada e afastamento de quinze dias para recuperação, que não gostaria mais de ter um patrão para mandar, queria fazer atividade de consultoria por conta própria.

O fato de ter sido convidado por Fedor Wainchenk para trabalhar com ele como consultor me animou para tomar essa decisão.

Um ano antes de deixar a Trol, fiz um estágio na fábrica do grupo Alpargatas de São José dos Campos, com o diretor David Reeves, e adorei a experiência. Infelizmente terminei não aceitando o convite do Reeves de trabalhar na equipe dele, porque o Rosemberg, percebendo que eu ia sair, dobrou o meu salário, e com família crescendo, achei mais conveniente ficar no lugar seguro.

Decorrido mais um ano, tinha chegado à conclusão de sair definitivamente.

O estágio em 1962 na Alemanha e as experiências de quase 12 anos na Trol, tinham me deixado amadurecido, já com 34 anos, em 1965, para mudar de estilo de vida, deixando de ser empregado.

Dois colegas foram bons companheiros durante a vida na Trol. Foram eles o Kurt Samuel e o Henrique Valavicius.

Quando penso que talvez pudesse ter saído antes, é porque já me sentia maduro para novas experiências, há alguns anos, porém devo mencionar que nesta altura da vida e com 34 anos, Eva e eu tínhamos formado uma família com a Déborah, nascida em 1958, a Betty nascida em 1960 e o Daniel, nascido em 1963. Somente a Sofia nasceu mais tarde, 'temporona', em 1968.

A responsabilidade de pai de família com três filhos, pode ter atrasado a minha decisão, porém uma vez tomada, acredito, foi altamente acertada.

Preciso fazer uma interrupção nesta narrativa para falar de dois amigos que me acompanharam e motivaram durante quase toda a vida. Trata-se de Stefan Blass, que foi uma espécie de tutor, pessoa de ampla vivência e idéias arejadas que com a esposa, Doly, faziam parte de um pequeno grupo de amigos para intercâmbio de leituras instrutivas, e Kurt Lenhard, que na época trabalhava com custos e com experiência na área financeira na Monark, fábrica de bicicletas.

Com Stefan e Doly, Kurt e Esther, com Fayga e Hans Ostrower, com Knut uma época e com Rudi e Frida fazíamos serões intelectuais que eram esperados, sempre aos sábados à noite, onde sempre o Stefan se destacava por seus conhecimentos e pela sua dedicação à leitura.

Tratávamos de temas sociais, de política e economia, dos eventos importantes do mundo, de ciência e tecnologia, dos gastos com armamentos das grandes potências, na guerra fria entre Estados Unidos e Rússia, e da pobreza no mundo.

Pouco antes de eu sair da Trol, Kurt tinha saído da Monark junto com Paulo Lombardi, e estavam trabalhando com consultoria se instalando numa galeria de Santo Amaro.

Quando decidi me instalar como consultor fui conversar com o Kurt e sugeri a Avenida Paulista como o local apropriado para essa atividade.

Iniciamos assim a Cigal, e a Assessoria Paulista, empresas de Consultoria que somavam as minhas experiências industriais e de administração com as experiências de Kurt e Paulo nas áreas de custos e finanças.

Apesar de termos um acordo de trabalharmos juntos, ficamos com duas empresas, e somente alguns anos mais tarde formamos uma empresa única.

Três foram os meus primeiros clientes: Klabin, Plásticos Muller e Treves. O desafio de trabalhar com casos diferenciados foi altamente motivador e senti que isso era realmente o que eu desejava, uma atividade independente sendo avaliada permanentemente, sem chefe direto e com a condição de poder formar uma equipe.

Com esses três clientes iniciais, já contratei o meu primeiro assistente, o Antonio Kunigelis, que já havia atuado na minha equipe na Trol.

No caso dos Plásticos Muller, meu contato foi pelo conhecimento do setor de plásticos, onde tinha atuado nos últimos 12 anos, fui admitido pelo Dr. Federico Jacob que me introduziu numa empresa muito diferente da Trol, e até melhor sucedida apesar de menor e mais conservadora.

Uma das lições aprendidas desse caso é que não existe um único método para se obter sucesso. Enquanto a Trol utilizava ao máximo a capacidade instalada das máquinas, em três turnos de trabalho para evitar perdas de força com o aquecimento dos equipamentos, já a Muller trabalhava somente de dia, evitando pagar horas extras noturnas e mantendo um melhor controle sobre o desempenho e especialmente sobre a qualidade.

No caso da Treves, que era uma fábrica de jóias onde se trabalhavam metais preciosos, tive que passar pelo crivo do Dr. Jorge Schwarstein, psicólogo experiente, que me submeteu a uma bateria de testes para provar se eu seria de confiança no trato com materiais caros como os que estavam sendo produzidos. Os testes estavam direcionados a constatar se eu seria suscetível de ser influenciado negativamente por terceiros.

A experiência na Treves foi totalmente diferente lidando com a elaboração de um sistema que permita avaliar custos dos produtos, e controles de produção. Trabalhavam na época mais de 150 ourives nas oficinas. A empresa era muito provavelmente a maior empresa do ramo.

Estando com a família Dreyfus, donos da Treves, recebi um convite inusitado: ser sócio numa jazida de ouro numa região inóspita onde já havia exploração por parte de outras empresas. Estava ciente do risco que se corre nessas aventuras e desisti de pronto.

Recentemente soube que um amigo meu que é geólogo, o Roberto, tinha recebido convite semelhante e também tinha desistido.

No caso da Klabin, a minha entrada na empresa se deu de forma totalmente diferente das demais. Lendo anúncios de emprego me chamou atenção o fato de uma das fábricas, que produzia papelão ondulado estar procurando um expert na área de racionalização industrial, então, decidi apresentar-me, não com a intenção de um emprego fixo, e sim de oferecer serviços temporários como consultor.

Fui entrevistado pelo executivo principal da unidade, Jonny Schwartz, que me permitiu visitar a fábrica. Andei pela fábrica um bom tempo, analisei algumas operações que pareciam estar sujeitas a melhoras sensíveis e quando retornei ao escritório tive a oportunidade de expor a minha impressão sobre a visita.

Jonny gostou de minha posição apesar de que eles queriam um empregado, mas como minha oferta foi do agrado, ele agendou uma reunião com o diretor responsável perante a holding por essa unidade. A pessoa que me entrevistou foi o Dr. Horácio Cherkassky. Ele concordou com minha contratação como consultor, e, a seguir, iniciei o trabalho, agora com o auxílio do assistente que tinha trabalhado comigo na Trol.

A sensação de liberdade e prazer com essas três empresas como clientes foi enorme. Senti que estava me realizando profissionalmente e adquirindo uma enorme experiência nos novos relacionamentos.

Depois de seis meses de trabalho na unidade de Vila Anastácio de papelão ondulado da Klabin, e com os resultados obtidos, conquistei a confiança do Dr. Horácio, que foi o maior vendedor de meus serviços durante muitos anos.

Aliás, é preciso mencionar a minha incapacidade de fazer marketing e de vender meus serviços. Kurt também era sempre muito técnico em seus trabalhos, assim nenhum de nós conseguia criar imagem de venda e ou o 'ritual cachimbeiro' dos consultores da época.

Éramos bastante tímidos e simples para nos oferecer. No entanto, não foi necessário, porque o Dr. Horácio nos levou para todos os lugares, e eram muitos, onde ele atuava.

Acontecimentos Simultâneos no Brasil e na Argentina

Como vimos, Kubitschek assume a presidência no Brasil em 1956 e Frondizi na Argentina em 1958. Ambos governantes tomam como bandeira o desenvolvimento.

No Brasil, o tema do desenvolvimento é concentrado na indústria, especialmente na automobilística e na criação de Brasília, dessa forma transferindo progresso do campo para a cidade e provocando movimentos migratórios neste sentido.

Na Argentina, o esforço obtém menores resultados especialmente por se tratar de menor número de consumidores potenciais e também porque Frondizi não possuía uma forte coalizão para governar e decidir. Por esse motivo a Argentina investe mais intensamente no social do que o Brasil.

O índice de analfabetismo continua alto no Brasil, com 40% na década de 1960 contra 9% no País vizinho.

Comparando o coeficiente GINI, que mede a desigualdade na distribuição da renda e onde zero significa ausência de desigualdade, o Brasil tinha índice de 0,57 e a Argentina, de 0,41 em 1960. Na Europa esse índice estava em torno de 0,30.

No início da década de 1960 o Brasil continuava essencialmente exportador de café, como principal fonte de renda externa.

Na Argentina, os produtos eram trigo, carne e lã.

Algumas diferenças na postura exterior eram Argentina fazendo acordos com o FMI e Brasil cortando relações com o mesmo.

O crescimento populacional e o crescimento do PIB tiveram uma evolução gradativa na Argentina e um salto grande no Brasil. Enquanto isso, o número de funcionários públicos em ambos os países era quase igual, o que significava que por habitante, o número era muito superior na Argentina.

Na época de Frondizi havia troca de ministros freqüentemente devido às crises internas, enquanto no Brasil, os ministros permaneciam mais tempo em seus cargos.

Tive a oportunidade de participar como consultor assessorando o ministro da Economia argentina Grinspun. Acompanhei os graves problemas vividos pelo Ministério, sem coordenação entre os vários órgãos e sendo funcionalmente dominado por funcionários peronistas.

Como é muito comum nesses casos, o ministro Grinspun estava mal informado sobre a situação real do País e rodeado de pessoas que o adulavam com notícias agradáveis.

O ministro caiu pouco tempo depois, como todos os que participavam do governo naquela época.

Ambos os países tinham pela frente o problema sucessório. No Brasil, a situação optou por indicar o Marechal Teixeira Lott enquanto a oposição se reuniu em torno da figura de Jânio Quadros, que tinha feito uma excelente gestão na Prefeitura e depois no Governo de São Paulo.

A estratégia de Jânio era definir-se como um 'político antipolítico', que pretendia varrer a corrupção com o seu símbolo que era uma vassoura, e especialmente independente dos Estados Unidos. Nesse ponto seguia o caminho trilhado por J.K.

As contradições do seu governo, e a sua extravagância provocaram o fracasso rápido do seu governo, e a sua renúncia abriu espaço para a era João Goulart.

Na Argentina o processo de sucessão também foi marcado por profundas crises internas. O presidente necessitava de poder e a desunião das Forças Armadas como ato político foi importante.

O gabinete nomeado de Rodolfo Martinez teve de renunciar devido às pressões das Forças Armadas.

A inflação era elevada e havia uma drástica desvalorização da moeda. Em 1962 houve confrontos entre as Forças Armadas e o governo que culminaram com a designação de Juan Carlos Onganía como Comandante das Forças Armadas.

Em julho de 1963 foram realizadas eleições e o eleito foi um cordovês habilidoso chamado Arturo Illia da União Cívica Radical do Povo (UCRP). Formou-se um governo fraco, com pouca representatividade parlamentar, numa época de recessão, e com o problema do peronismo ainda não resolvido.

Os militares hostis acompanhavam de perto e interferiam no governo, as pressões sociais estavam presentes por demandas não atendidas num país politizado. Os sindicatos também pressionavam o governo.

No Brasil foi permitida a posse de João Goulart com a implantação do parlamentarismo e a figura de Tancredo Neves como primeiro ministro aprovado pelo Congresso.

No entanto, a esquerda com Brizola que apoiava Jango, como a direita, com a UDN e o PSD, que eram contra a política adotada, estavam em permanente conflito. Esse conflito existia tanto na política econômica como na política exterior.

Debilitado pelos conflitos internos, Tancredo Neves renunciou em junho de 1962, após nove meses no cargo. Em 1962, houve eleições parlamentares, em 1963 um plebiscito aprovou o retorno ao presidencialismo.

Após o plebiscito, o governo de João Goulart, o Jango, adotou uma atitude mais agressiva de esquerda, o que desagradou tanto os círculos militares como o empresariado.

Em 31 de março de 1964 começa o período de ditadura militar, que duraria 20 anos.

Na Argentina do governo Illia, o general Onganía era o comandante militar, e em 1965 já dava sinais de atuar com bastante independência fazendo viagens ao exterior e sendo recebido e cortejado pelo Pentágono.

Quando em 1965, no que parecia ser uma atitude forte, o governo Illia forçou a renúncia de Onganía, a situação militar se agravou e terminou com um novo golpe militar em 1966.

Comparando as duas experiências democráticas: podemos constatar que o período que se inicia na década de 1930 e vai até 1966, com mais de 30 anos de duração, tem como característica muito pouco de democracia e muito de ameaça e ação militar em ambos os países.

A ordem estabelecida legalmente é interrompida nos anos 1930, 1943, 1955, 1962 e 1966 na Argentina e nos anos 1930, 1937, 1945, 1954 e 1964, no Brasil.

É possível notar que mesmo nos momentos de plena democracia, essa não é completa, sendo muitas das vezes ameaçada constantemente pelos interesses da direita ou da esquerda, desejosas de poder.

Sem dúvida, em todas as épocas, existiram em ambos os países, o emprego de parentes, o favoritismo de amigos e a troca de favores quando era necessário apoio parlamentar.

A corrupção existiu sempre em maior ou menor grau, e o exemplo vindo de cima foi seguido pelos empresários e pelas empresas que cresceram vertiginosamente ludibriando leis e fazendo 'planejamento tributário'.

Os golpes freqüentes significaram uma alternância do poder e do autoritarismo e os grupos dominantes seguramente não tinham valores morais fortemente arraigados no direito das maiorias.

Além desse aspecto, na área econômica, o Brasil teve um desenvolvimento maior em termos de população e, também, de crescimento do PIB e da industrialização, nem sempre significando melhora geral das condições de vida do povo brasileiro.

Na Argentina, devido aos conflitos sociais que tiveram sua origem no peronismo, o crescimento foi mais lento, também na indústria, e os conflitos permanecem sem solução até os dias de hoje. O povo sofreu bastante as conseqüências de intervenções militares e governos demagógicos.

O Barmitzva do Daniel, aniversário de 13 anos, reunindo a família.

Capítulo 6

A Vida de Consultor

◆ (1966 – 1973)

Em 1965 saí da Trol e comecei a minha vida de consultor, por sorte com dois companheiros para compartilhar dúvidas, dificuldades e encaminhamentos a seguir nos diferentes desafios que se apresentavam a cada nova contratação.

Kurt Lenhard e Paulo Lombardi atuavam em áreas, nas quais eu tinha pouca experiência e contribuía com a vivência em indústria, em fábricas pelas quais adorava circular e observar.

Os três primeiros clientes foram fundamentais para a carreira iniciada. Enquanto isso meus futuros sócios tinham os seus clientes e também estavam sempre ocupados.

Desde o início, foi altamente prazerosa a atividade de consultoria, sem chefe, porém sempre despachando com dirigentes das organizações pelas quais passávamos.

O desafio do consultor no campo de trabalho é muito superior ao do executivo protegido pela secretária e pela estrutura. Enquanto o executivo possui o seu espaço, o consultor deve conquistá-lo, sem significar uma ameaça aos executivos de plantão.

O conjunto de experiências produz inconscientemente uma enorme transferência de vivências de um caso para outro. O que mais tarde foi denominado benchmarking, o consultor produz de maneira inadvertida. Isso, no entanto, não pode colocar em risco a reserva de informações e o sigilo profissional característico da atividade.

Assim, de forma ética, o consultor nunca deve atuar simultaneamente em empresas concorrentes, pois o risco de vazar informações sobre uma empresa para outra é grande e isso é totalmente intolerável.

Depois das três primeiras contratações, houve uma série de novos clientes.

Seguindo uma seqüência de experiências profissionais, abordarei o que ocorreu após o trabalho com a Klabin da Vila Anastácio, e com as indicações do Dr. Horácio Cherkassky.

Fomos indicados para atuar na fábrica de papelão ondulado de Piracicaba, SP, e na fábrica de papelão ondulado de Del Castilho, no Rio de Janeiro. Novamente experiências muito interessantes que permitiram comparar os desempenhos das várias unidades.

Atuamos também na Companhia Fabricadora de Papel, na Rua Voluntários da Pátria em São Paulo, e também na Fábrica de Papel de Monte Alegre.

O envolvimento com o grupo Klabin teve, dessa forma, um desdobramento que durou vários anos de trabalho, incluindo auxílio de equipe de pessoas especializadas em layout, em processos fabris, em controles de produção e em simplificação de métodos de trabalho.

Em todos os casos mantivemos contato com os altos executivos das empresas, e com eles colaboramos, com a filosofia de que sempre é possível melhorar.

Tivemos também experiências com empresas endividadas e que tinham elevado custo financeiro, e com empresas rentáveis e em processos de expansão dos negócios. Aprendemos que o papel do consultor é um papel complementar: quando a empresa está endividada, buscar sair da dívida; quando está bem, buscar projetos cautelosamente para evitar os erros que ocorrem quando se possuem recursos para gastar.

Um dos clientes mais importantes na carreira como consultor foi sem dúvida o Bradesco. Fomos chamados por indicação do Dr. Horácio, que fazia sauna no Clube Paulistano com Amador Aguiar, presidente do Bradesco, o qual me entrevistou num encontro na sala da diretoria do banco, quando fez algumas perguntas para me testar, e a seguir me colocou para trabalhar com Lázaro de Melo Brandão, o então diretor-adjunto.

Amador Aguiar me perguntou o que achava da mudança da administração do banco da Cidade de São Paulo, SP, para um local perto de Campinas em razão da valorização da área que estava sendo ocupada.

Respondi que para poder atender a essa pergunta era necessário conhecer profundamente o banco, o que não era o meu caso, portanto, no momento não poderia ajudá-lo nesse assunto. Como gostou da minha resposta sincera, ele me apresentou a Lázaro de Melo Brandão.

Brandão gradativamente foi ocupando posições maiores no Bradesco. Era ele quem fazia minha programação de atuação nos diversos setores do banco.

Passei pela gráfica, pela administração da Cidade de Deus, pelo setor de máquinas operacionais, pelo setor de arrecadações, pelo departamento pessoal e pela administração de agências.

Criamos o setor de Sistemas onde passaram a ser analisados todos os formulários utilizados pelo banco em cada uma de suas atividades e agências, promovendo a padronização e racionalização.

Fiquei durante oito anos atuando pelos diversos setores, num contato direto com Lázaro Brandão, que, posteriormente, foi galgado ao cargo de presidente, e após o falecimento de Amador Aguiar, a presidente do conselho.

Novamente a aprendizagem na consultoria com o Bradesco foi fantástica e altamente motivadora e desafiante.

Outra experiência que merece destaque foi na Fundição Tupy, em Joinville, SC. Tratava-se de empresa familiar de origem alemã, cujo presidente, Dieter Schmidt, se encontrava ausente numa secretaria do Estado de Santa Catarina. Ele participou no início de nosso trabalho, mas, logo depois, faleceu em um acidente de avião e deixou a esposa Maria Claudia Schmidt e seus filhos.

Por indicação da família, Maria Claudia assumiu a presidência da empresa, e mesmo sem ter muita experiência executiva, conseguiu se munir de uma equipe competente e fez uma gestão de muito sucesso.

Durante sua gestão os resultados melhoraram consideravelmente, e o Dr. Raul Schmidt, também membro da família, que tinha nos levado para fazer um planejamento estratégico, assumiu junto a ela, e a empresa diversificou as atividades e incorporou novos negócios.

Infelizmente, a descontinuidade posterior provocou o que muitas vezes ocorre em empresas familiares, o endividamento e a perda do controle familiar.

O trabalho de consultoria, atuar assessorando empresas foi uma escolha muito premeditada. Após anos de atuação como executivo, e tendo concluído o curso em Administração de Empresas, os conhecimentos e a experiência forneceram a necessária maturidade.

No entanto, a maior motivação veio da euforia provocada pelo poder de assessorar a alta cúpula de organizações poderosas e poder influenciar o destino de pessoas e organizações.

O papel de influenciar decisões importantes que afetam o futuro, junto a presidentes de empresas carrega grande responsabilidade e a atuação do consultor é a de complementaridade.

Em casos de organizações que assumem alto risco, o papel do consultor é o de levar a uma reflexão sobre as conseqüências que podem advir das decisões, e em casos de empresas conservadoras, o papel é de ajudá-las a incrementar projetos de desenvolvimento.

Um caso interessante foi o de uma empresa de médio porte que tinha crescido muito nos últimos 3 anos com a aquisição de um concorrente quase do seu tamanho. Para comprar a concorrente, a empresa assumiu um endividamento que teria de ser pago nos próximos 5 a 6 anos.

No entanto, um ano depois de muita atividade, o executivo principal propôs numa reunião estratégica, a compra de mais uma empresa, desta vez um fornecedor de matérias-primas, para poder garantir suprimento próprio.

Se fosse realizado o negócio, a empresa ficaria muito vulnerável no caso de quaisquer oscilações do mercado, o que era muito freqüente.

No plano estratégico o papel de consultor foi alertar para os perigos de que uma nova aventura com altos riscos, como o presidente e principal acionista esteve presente, optou-se por não realizar a operação.

Vários meses depois foi comprovado que mesmo sem o novo investimento houve dificuldades para amortizar a primeira dívida assumida, o que levou mais tempo do que o imaginado.

Já numa outra situação, uma importante empresa petroquímica tinha acumulado recursos e não sabia o que fazer com eles. Em lugar de promover estudos sobre cenários de futuro, o que já tinham feito e não sabiam como utilizar por serem amplos demais, focamos em projetos de desenvolvimento e como resultado foi realizado em parceria com outra empresa do pólo, um importante projeto novo aprovado e implantado em seguida.

Esse caso ocorreu no Pólo Petroquímico de Camaçari.

O papel complementar do consultor é um desafio constante e uma grande motivação, que exige por sua vez momentos de descanso, com férias e momentos de aprofundar nos problemas com estudo antes de se pronunciar sobre o caminho a seguir.

Outra dimensão da consultoria reside na forma como a empresa reage ao aconselhamento do assessor. Em certas ocasiões, a venda da idéia é um trabalho difícil, pois, ao mesmo tempo há pessoas que se opõem e outras que apóiam, e quando as forças dos que se opõem é maior é preferível desistir.

No entanto, em muitas ocasiões é preciso ter cautela com o que se diz por que as idéias são rapidamente absorvidas e implementadas. Nesses casos e após as primeiras experiências, assessorar com precaução e só se manifestar quando a segurança é total.

Claramente se deduz que a reação ao assessor depende da credibilidade com que ele está investido logo após ser contratado.

Tive uma experiência fora de São Paulo, em que o presidente da empresa era bastante jovem, muito inteligente e dinâmico.

Quando eu chegava à empresa, ele ficava junto solicitando opinião sobre tudo, convidava para almoçar na casa dele com a sua bonita família e à noite me levava para jantar e ficava trocando idéias sobre os mais diversos assuntos até as 22 horas. Era incansável, e fez uma excelente gestão no grupo de empresas que dirigia. Trata-se de Alexandre Lupo, que dirigiu o grupo Eberle, de Caxias do Sul, RS, na sua recuperação e deixou a empresa numa ótima situação financeira.

Infelizmente Alexandre faleceu num acidente de automóveis na serra gaúcha, numa madrugada de muita neblina, quando ia para o interior paulista, em Araraquara, para ver a família.

Era um executivo de enorme capacidade e uma pessoa maravilhosa de conviver.

A equipe de consultoria.

Capítulo 7

UMA SUPERINTENDÊNCIA

(1973 – 1980)

Entre as muitas indicações do Dr. Horácio, a Fábrica de Papéis de Arte José Tcherkassky teve desdobramentos importantes.

A empresa estava passando por um processo de desenvolvimento na antiga sede na Avenida Tiradentes e precisava urgentemente de um projeto arrojado de expansão. Nossa consultoria atuou intensamente nesse processo, em primeiro lugar elaborando um projeto que contou com apoio do então BNDE e também do Eximbank para o financiamento na importação de novos equipamentos.

Estive no Eximbank em Washington, participando da negociação e junto da equipe Toga elaboramos o projeto BNDE, que foi um sucesso.

O projeto de construção da nova fábrica e a elaboração do layout em módulos, foram desenvolvidos pela nossa equipe e totalmente implantado na nova unidade da Via Dutra. Um técnico austríaco, Egon Pisek, que tinha trabalhado na reconstrução de fábricas bombardeadas na guerra, colaborou na elaboração dos layouts.

O Dr. Mário Haberfeld, na época, dirigia a empresa como presidente ao lado do Sr. Jack Sporn, ambos casados com as filhas do falecido José Tcherkassky. Eles me convidaram para assumir um cargo executivo lá dentro.

O desafio era altamente motivador e aceitei, porém com a condição de deixar espaço de tempo na minha agenda para continuar atuando como consultor em outras empresas.

Acertada essa importante cláusula a qual eu não queria abrir mão, promovemos a mudança para a Dutra e organizamos uma equipe de profissionais, além de estruturar a empresa para a sua expansão.

Antes de meu início, a empresa era dirigida pelo presidente e por um técnico, João Mancini, profundo conhecedor do negócio de embalagens flexíveis. As áreas comerciais, administrativas e financeiras estavam também subordinadas a ele.

Com o tempo, produzir não era suficiente para atender à demanda dos mercados, e para organizar a empresa era necessário colocar o foco em processamento de dados e modelos de gestão.

O Dr. Mário, ao me contratar, explicou que somente havia um problema: a necessidade de me entender com João Mancini. Não foi fácil no começo.

Procurei pelo João Mancini várias vezes, ele sempre mandava dizer que estava ocupado e que não podia me atender. Até então, eu era tão-somente um consultor que trabalhava para a diretoria e pouco contato tinha com ele.

Como eu estava insistindo em que devíamos conversar, ele mostrou-se desconfiado e desinteressado e recusava o contato.

Certo dia, resolvi transgredir um princípio da empresa, que era que somente o pessoal da fábrica podia entrar nas instalações fabris. Eu desci para a planta, ainda na Avenida Tiradentes, e procurei pelo João no meio das máquinas de rotogravura.

Quando ele me viu tentou me recriminar dizendo que era proibido entrar na fábrica e se dirigiu ao seu escritório sem olhar para mim, na minha frente. Eu o segui, e quando entrou na sua sala, bateu a porta na minha cara, me deixando do lado de fora.

Eu abri a porta prontamente e disse que ele ia me escutar ou iríamos juntos falar com o Dr. Mário. Daí ele diz: "Pois não, o que você quer?" E me mandou sentar.

Esse episódio foi o início de uma relação cordial. Ele entendeu que mudanças estavam prestes a ocorrer na empresa.

Após diversas reuniões e debates sobre a melhor forma de estruturar a companhia surgiram três superintendências: industrial, comercial e administrativa. Coube a mim ocupar o cargo de superintendente administrativo, a título de colaboração e como convidado pelo Dr. Mário.

Nessa função organizei os arquivos da empresa, implantei um sistema de seguros criteriosa e tecnicamente fundamentado, implantei o sistema de custos, o processamento de dados, introduzimos a auditoria interna e uma contabilidade integrada em sistemas e custos.

Enquanto isso, os dois filhos do Dr. Mário, Sérgio e Roberto, estudavam e cresciam para logo depois entrarem no negócio.

O Sérgio Haberfeld logo mostrou a sua desenvoltura e vontade no relacionamento com pessoas e mais tarde assumiu o comando da empresa. O Roberto, mais técnico e estudioso, viria a cuidar da parte técnica da empresa.

Por mais de 10 anos trabalhei nessa função, sem contudo abandonar a consultoria, na qual contava com uma equipe formada por Geraldo E. S. da Silva, José Maria Cosentino, Ary Plonsky e Egon Pisek, além da equipe do Paulo Lombardi e Kurt Lenhard, também com vários consultores.

Durante esse período que se prolongou até 1981, tive a oportunidade realizar um trabalho na Imprimerie Henry Studer, em Genebra, Suíça, que foi uma experiência interessante de aprendizado.

O sistema de produção da Imprimiere era em máquinas de off-set para fazer livros de arte famosos.

Aprendi que mesmo com juros de 5% ao ano, devido a uma expansão obrigatória, é possível uma empresa não conseguir sobreviver numa economia estável e com altos custos operacionais.

A Imprimerie estava instalada na cidade de Genebra e em razão de trabalhar com tintas, provocava algum tipo de poluição. No planejamento da cidade tinha sido criado um distrito industrial e o governo tinha cedido para a Imprimerie uma área por um período de 99 anos, para se mudar para lá e tinha dado um prazo para tal mudança.

Para construir eram necessários recursos, então houve o financiamento bancário com juros baixos.

Logo após a construção tinha de se iniciar a amortização do principal, mas um cliente importante deixou de pagar as suas contas. Começaram os problemas e um tempo depois, sem condições de pagar a dívida assumida, a empresa terminou fechando.

O Dr. Mário foi um dos homens mais íntegros que conheci, com perfil empreendedor e classe internacional.

Fui agraciado com um relógio Bulova de ouro num determinado momento, e periodicamente recebia para o meu uso particular um carro zero quilômetro.

Trabalhar na Toga foi uma realização completa pessoal e profissional. No entanto, as pressões e a responsabilidade eram grandes e durante

Diretoria, a partir da esquerda, sentados: Mário E. Haberfeld, Presidente e Rita Tscherkassky Szporn, Vice-Presidnete. Em pé: José Maria B. Batalla, Zina Haberfeld, Rodolfo Lima Martensen J. Marcello Brasil, H. Horário Cherkassky, Luis Gaj e Sérgio Haberfeld.

minha atuação ganhei uma úlcera do duodeno e uma intervenção cirúrgica para erradicá-la.

O único desconforto da atuação na Toga era o tratamento dispensado a elementos antigos da empresa, sendo que o comentário era que a Toga sugava os empregados pagando excelentes salários, mas quando achava que podia dispensá-los o fazia sem a mínima consideração. Os comentários diziam "era como chupar laranja e jogar fora o bagaço".

Fora desse aspecto negativo, o tratamento na empresa era excelente e o Dr. Mário era uma pessoa tranqüila e gentil, segura de seus planos e também consciente do rumo que traçava à organização.

A estratégia da presidência, conduzida pessoalmente, consistia na manutenção de cinco relacionamentos importantes, aos quais se dedicava como fonte de informações fundamentais para o seu futuro.

Esses relacionamentos consistiam de três de seus principais fornecedores e dois de seus principais clientes.

O Dr. Horácio Cherkassky tinha também um papel muito importante na área financeira e como moderador e conselheiro, parente que era, e que se voltava mais para relações externas com sindicatos patronais e com a área jurídica, uma vez que ele era advogado de formação.

Capítulo 8

A USP

(1980 – 1987)

A partir de 1979 já estava decidido que queria voltar a atuar mais intensamente na equipe de consultoria e que a minha função na Toga estaria concluída. Era necessário preparar um sucessor para dar continuidade ao trabalho já implantado.

Havia dois fortes candidatos e um problema: como escolher entre eles? Ademar Fumagali e José Francisco Saporito tinham ambos as condições para assumir o meu lugar.

A escolha, bastante intuitiva, recaiu sobre Saporito, que era na época o responsável pela área de sistemas e que tinha feito um excelente trabalho.

Assim como iniciei aumentando gradativamente o número de dias de dedicação, assim fui diminuindo gradativamente até deixar a Toga.

Em 1976, prestei concurso na Universidade de São Paulo, para ingressar no programa de mestrado que era oferecido na Faculdade de Economia, Ciências Atuariais e Administração.

Entrei na Administração e senti novamente grande prazer em cursar um programa de gestão geral, com bastantes conceitos, o que na vida prática tinha deixado transitoriamente de lado. Voltei a raciocinar e teorizar, o que foi um exercício que veio a calhar com as minhas necessidades.

Lamentei profundamente o falecimento do Dr. Mário e do João Mancini, ambos com 58 anos de idade, e os filhos Sérgio e Roberto assumiram a direção dos negócios na Toga, o que se deu pouco depois de eu ter iniciado a minha carreira como professor.

De 1976 a 1980, cursei as disciplinas necessárias para obter o título de mestre, porém era necessário apresentar uma dissertação, o que foi feito em 1981 e obtido o tão almejado título pela USP.

Gostei da experiência de ter voltado a estudar e resolvi continuar, ingressando no doutorado e concluindo-o em 1986, já com 55 anos.

Para conseguir o doutorado precisava de um orientador e escolhi o professor Ruy Leme, que tinha sido presidente do Banco Central e era uma pessoa de bagagem e com experiência acadêmica inquestionável.

Ele foi um orientador muito dedicado e atencioso que me ensinou como conduzir o trabalho com o rigor científico exigido pela universidade. Eu buscava nessa época um complemento a essa orientação, que me fornecesse recursos na área específica em que estava trabalhando, que era em estratégia de empresas, tema que me tinha motivado especialmente nas aulas com o professor Adalberto Fiszman.

Várias universidades e cursos foram pesquisados e, por fim, escolhi como meu segundo orientador o professor Igor Ansoff, que em 1980 era muito provavelmente o maior especialista em estratégia, reconhecido mundialmente.

Visitei Ansoff onde ele se encontrava como professor visitante, no European Institute for Advanced Studies in Management (EIASM), sediado em Bruxelas, na Bélgica, e depois de pouco tempo fui para Bruxelas novamente para um período de quatro meses, ficando sob a sua orientação.

O EIASM oferece condições especiais para professores elaborando as suas teses de doutorado. Em geral, europeus participam, uma vez que o instituto é subvencionado pela Comunidade Européia.

Cada participante possui um orientador e dispõe de uma sala totalmente equipada para seu uso durante a estadia que costuma ser de aproximadamente um ano, com auxílio financeiro das universidades.

Eu assisti a minha orientação por minha conta cobrindo todas as despesas. Por sorte consegui um apartamento muito econômico que o instituto dispõe para casos como o meu, e assim pude trazer a minha esposa e filha menor para permanecer comigo.

Ansoff dedicava algumas horas semanais para me orientar e indicar a bibliografia, que estava sempre disponível numa ampla biblioteca, ao lado das salas.

Um empresário brasileiro colocou o seu carro que estava na Alemanha à minha disposição para viajar, e assim minha estadia se tornou prazerosa com finais de semana turísticos e um carro Mercedes Benz à disposição.

Um fato curioso ocorreu por ocasião da solicitação de representante do governo da União Soviética para um encontro com Ansoff. Ele me convidou para participar. No início fiquei receoso de não entender por não falar russo, porém Ansoff me tranqüilizou quando disse que o encontro seria em inglês.

Chegaram para o encontro duas pessoas. Uma era o diretor de planejamento da União Soviética, um senhor de uns 60 anos, baixinho e gordinho. Na realidade, ele não era russo, mas polonês. Ansoff me esclareceu que era o intelectual do planejamento. O outro era um jovem alto e bem apessoado que o acompanhava e que se limitou a saudar, sem participar das conversações. Ansoff esclareceu que seria alguém da KGB, a polícia secreta, em missão de acompanhar o negociador.

A proposta era de intercâmbio de experiências entre Igor e os russos. Perante tal proposta a resposta foi categórica. "Se quiserem assistência posso oferecê-la, porém vocês não têm nada para nos transmitir uma vez que o planejamento na Rússia está defasado em relação ao praticado no Ocidente".

Ali ele se ofereceu caso eles precisassem de assessoria.

Frente à resposta do Ansoff os dois terminaram a reunião, depois se despediram com polidas saudações. Iriam estudar o assunto e falar com as autoridades.

Em setembro de 1980, iria ter lugar em Londres um encontro de professores e dirigentes de empresas e consultores, todos atuando em estratégia empresarial.

Novamente, Ansoff me convidou para participar. Foi realizado na School of Economics e contou com a presença de 60 participantes entre os quais eu era o único latino-americano. Eram todos ou norte-americanos ou europeus.

Ali foi fundada a Strategic Management Society (SMS) e decidido realizar conferências anuais. Como participante desta conferência acabei sendo Founder Member da SMS.

Na volta da Bélgica, e desde 1980, paralelamente à consultoria, comecei a dar aulas na graduação da FEA-USP, enquanto iniciava o doutorado.

Prof. Igor Ansoff no Brasil, participando de um Seminário Estratégico com o Prof. Luis Gaj no Hilton Hotel.

Dar aulas significou para mim uma nova etapa na vida. Uma realização que veio complementar a experiência acumulada como executivo e consultor.

Tive, então, a oportunidade de criar novas disciplinas como: Consultoria das Organizações e Administração do Processo Sucessório.

A vivência no meio acadêmico durante 25 anos, sendo 18, na graduação e na pós-graduação e 7 nos vários MBAs criados pela FIA-USP, significou para mim a oportunidade de transmitir aos jovens aquilo que tinha aprendido na escola da vida, como executivo, como consultor e na própria USP, na vida acadêmica.

Encontrei a felicidade dando aulas e atuando como consultor simultaneamente. Também a partir da faculdade surgiram novos trabalhos de assessoramento a empresas.

Não sei dizer se foi esta a minha melhor época, porque a minha vida juvenil no movimento sionista, na adolescência, foi realmente plena de realizações. No entanto, devo reconhecer que o convívio universitário muito contribuiu para me completar.

Inspirado no ambiente novo e nos trabalhos acadêmicos, foi surgindo gradativamente o meu primeiro livro *Administração estratégica* em 1980, que teve várias edições e, em 1983, o meu segundo livro *Tornando administração estratégica possível*.

Esses livros foram produtos em parte de ter previamente publicado uma dissertação de mestrado e uma tese de doutorado, uns anos antes.

A vida familiar possibilitou essas realizações, também o fato de ter tido como sócio a Kurt Lenhard, que permitiu gerenciar as atividades de consultoria em minhas ausências para realizar os créditos na faculdade.

A minha família estava constituída por Eva, minha esposa que sempre me estimulou a continuar aquilo que eu gostava de fazer, e os meus quatro filhos: Deborah, Elizabeth, Daniel e Sofia. Em 1979 estavam com 21, 19, 17 e 12 anos de idade. Todos estudavam e três já trabalhavam também. Deborah fazia festas infantis, e tinha passado uns meses em Israel num programa de intercâmbio para catar laranjas, Betty viajou ao exterior também num intercâmbio cultural nos Estados Unidos e passou um tempo fora conhecendo o mundo, quando, então, fui visitá-la na casa da família onde morava em Plymouth, perto de Detroit, e Daniel iniciou como office-boy na área de sistemas da Klabin e também no escritório da Cigal, nossa firma de consultoria, depois empregado de um banco na área financeira onde fez uma interessante trajetória.

Aos poucos cada um deles foi seguindo seus caminhos profissionais e foram casando e deixando a nossa casa. Porém, para nossa satisfação todos terminaram voltando a morar em São Paulo, permitindo a manutenção do convívio familiar.

A família equilibrada com a mãe orientando os filhos muito mais do que o pai, deixou espaço para as minhas realizações sem preocupações que impedissem meu desenvolvimento.

Enquanto isso cada um dos filhos terminou a sua formação: Deborah se formou em Psicologia, Elizabeth em Matemática, com especialização em Computação, Daniel em Economia e Sofia seguiu a carreira de Arquiteta.

Talvez eu devesse dedicar mais tempo aos filhos enquanto eles eram adolescentes e, sem dúvida, isso teria sido muito bom, mas as condições que se apresentavam eram favoráveis para eu crescer no trabalho sem que isso prejudicasse minha família. Pelo menos essa tem sido a minha sensação. Nunca recebi uma notícia contrária por parte dos meus filhos.

Amei sempre a minha esposa e os meus filhos, mesmo talvez não dedicando a eles tanto tempo quanto teria desejado.

Dessa forma, o desafio era encontrar equilíbrio entre meus vários papéis: de marido, de pai de quatro filhos, de consultor, de estudante, de professor, de cultivar relacionamentos com amigos, de me encontrar com o meu grupo de referência e de cidadão responsável. Sobrevivi.

Agradeço pela compreensão da Eva por ter tornado possível todas as minhas realizações, enquanto ela cuidava dos filhos bem mais perto do que eu e, agora, também dos netos, cuida com a mesma dedicação.

Ainda Consultoria em Grandes Organizações

A vida de consultor é plena de novas emoções. A pessoa do consultor está sendo submetida constantemente ao desafio de novas e complexas soluções para os problemas, preocupações ou situações pelas quais as empresas e os empresários passam.

Esses desafios provocam uma constante busca de material e promovem por sua vez a produção de relatórios e trabalhos apresentados às cúpulas das organizações.

No percurso de tempo que foi de 1965 até 2000, ou seja, de 35 anos em que estivemos o Kurt Lenhard e eu nesta área, a minha atuação teve profundas mudanças que podemos agrupar em três grandes períodos.

O primeiro refere-se ao trabalho na área industrial, produto de minha experiência anterior como executivo; o segundo, à atuação organizacional, em que estruturas, modelos de gestão e utilização de técnicas se destacam, e o terceiro que foi de aproximadamente os últimos 20 anos, refere-se a assessorar cúpulas de entidades, no seu desenvolvimento estratégico.

Talvez seja possível dizer que o terceiro período foi o de maiores realizações, se bem que em todos os 35 anos o sentido de realização pessoal foi profundo, assim como o acúmulo de experiências.

Considero-me feliz por ter tido a oportunidade de ter contato com personalidades do mundo empresarial, como Lázaro de Melo Brandão e Amador Aguiar, ambos do Bradesco, José Ermírio de Moraes Neto do Grupo Votorantim, assim como os oito primos da terceira geração do grupo, a equipe de planejamento estratégico do Banco do Brasil, Mário Haberfeld e Horácio Cherkassky e depois Sérgio Haberfeld da Toga, Wilton e Elvio Lupo, Ricardo e Elvinho das Meias Lupo, José Mindlin, Aldo Franco e Dr. Jacob Lafer, Roberto Faldini e Sérgio Mindlin da Metal Leve, assim como toda a diretoria, Guilherme Quintanilha de Almeida na Secretaria da Receita Federal e Equipe da Secretaria da Receita Federal, Maria Claudia Schmidt e Raul Schmidt da Fundição Tupy, Ricardo Semler e Susan Semler da Semco, Alexandre Lupo da Eberle, Enrique Wendriner e Marcelo Gutglas do Playcenter, Samuel Klabin e Roberto Klabin, da Klabin e da Lalekla, que depois se transformou em Dixie Lalekla, dos irmãos Dreyfus da Treves, do Dr. Federico Jacob dos Plásticos Muller, sr. Nilo de Stefani e Ligia De Stefani e toda a equipe do conselho do Grupo Stefani.

Esses são somente alguns nomes de empresários e organizações que marcaram presença, muitos outros teríamos de mencionar para não fazer injustiça, no entanto, estamos limitando e nos desculpando por alguma omissão.

Com os nomes mencionados tivemos intensa atividade conjunta, seja em despachos individuais ou em reuniões de trabalho, que foram muitas e diversificadas.

Não entraremos em detalhes das atividades que foram desenvolvidas e dos resultados atingidos com a nossa intervenção, porém uma coisa muito importante precisa ser dita. Em todos os casos existiram lideranças fortes e atuações muito direcionadas a objetivos concretos, o que permitiu o sucesso das entidades.

O Brasil mudou nesses 35 anos, muitas empresas se transformaram e continuam existindo, outras foram vendidas ou fecharam e sem dúvida todas as que de uma forma ou de outra continuam existindo, mudaram para que a continuidade fosse possível.

Se por um lado o País e o ambiente mudaram, se a economia é outra, se a exigência do consumidor é outra, também os conceitos aplicáveis às organizações, as teorias sobre 'management', as idéias sobre o que é atuar estrategicamente, também mudaram.

Na década de 1960 surgiram os planejadores estratégicos que se destacaram atuando em grandes organizações, especialmente nos Estados Unidos. Logo suas idéias correram o mundo e irradiaram através de filiais de grandes corporações multinacionais. Entre os autores podemos mencionar Georg Steiner.

Vinte anos depois, já em 1980, as idéias preconizadas por Igor Ansoff diferiam do tradicional modelo de planejamento formal, para um sistema em tempo real e uma dinâmica de gestão que levava muito em consideração o que era denominado de oportunidades emergentes.

Enquanto no planejamento tudo era preestabelecido, na administração estratégica, o que se apresentava como oportunidade era necessário ser incorporado com firmeza, e muito provavelmente nessas oportunidades se encontravam o sucesso do futuro da organização.

Alguns anos depois, surge com muita força a denominada Estratégia Competitiva, com Michael Porter, devido especialmente ao crescimento da concorrência asiática e a necessidade de reagir a ela.

A concorrência é profundamente analisada e em função comparativa são executadas estratégias de posicionamento.

Outros autores passam a olhar não-somente as estratégias que são elaboradas, mas o próprio *desenvolvimento*, entre eles Ichak Adizes e Georg Land, e sua evolução no tempo.

Avaliam o crescimento, a mudança, a entropia que se instala nas organizações e a necessidade de se atuar de forma temporal. Aqui a visão estratégica toma a forma do futuro desejado.

A arquitetura estratégica, segundo Gary Hamel e C.K. Prahalad, é outra forma de ver o futuro como algo a ser imaginado, projetado, construído e utilizado. Na Arquitetura, o sonho torna-se realidade após ter sonhado diversas vezes até que se criem as condições de torná-lo real.

Quando se faz uma avaliação criteriosa dos resultados atingidos com trabalhos conceituais e com teorias sobre estratégias de futuro, isso já nos fins da década de 1990, constata-se que o que tem provocado novas iniciativas e a reinvenção dos negócios não foram esses conceitos todos, e sim o 'pensamento estratégico', segundo Henry Mintzberg, quase sempre na mente de poucos líderes conduzindo seus negócios por rumos bem definidos.

É preciso, no entanto, dedicar tempo e esforço ao 'pensar estrategicamente', significa não se preocupar somente com os temas cotidianos, mas, levar em conta o futuro que se deseja e com esse pensamento dirigir as atividades.

Atividades rotineiras e de pouco alcance não são estratégicas porque não impactam o futuro, não são arrojadas, não provocam as mudanças necessárias, não afetam o futuro. Por isso é preciso agir vendo a Estratégia como uma Revolução.

Somente grandes mudanças conseguem trazer de novo a organização a se posicionar adequadamente no ambiente, continuar competitiva, incorporar novidades e até mudar de atividades sempre que necessário, segundo Gary Hamel.

No entanto, apesar de todas as idéias que foram evoluindo com o tempo, o mundo novo do qual fazemos parte tem adquirido uma conotação de agressividade nova, onde o terrorismo tem surgido, em que a estabilidade deu lugar ao caos, e a insegurança pessoal obriga a tomar medidas novas de controle e proteção.

Surge então a necessidade de uma atuação cidadã que busque forma de evitar o crescimento da onda de violência, com responsabilidade social.

Numa época em que o Estado tem reduzido o seu papel, o surgimento de ONGs tem contribuído para o envolvimento das pessoas em atividades comunitárias destinadas criarem uma nova consciência social responsável.

Criar um mundo auto-sustentado é de responsabilidade de todos e a estratégia que lhe corresponde passa por uma série de atividades sociais, educativas e culturais no meio em que estamos inseridos. Essas idéias de Hazel Henderson são muito atuais e nos levam à reflexão e a seguir à mobilização para atuar contribuindo.

Da década de 1960 até os dias de hoje, como podemos ver as idéias de gestão de negócios também sofreram profundas transformações, assim como o ambiente ao nosso redor.

Na consultoria que realizamos nos últimos anos podemos destacar alguns casos particularmente interessantes.

Um deles foi o caso da consultoria estratégica realizada junto ao Banco do Brasil.

No Banco do Brasil fui inicialmente contratado para ministrar aulas para diversos grupos de profissionais diretamente envolvidos no trabalho voltado ao futuro do banco em Brasília.

Participei, posteriormente, de debates sobre desenvolvimento estratégico do banco por unidades de negócios no centro do planejamento estratégico, órgão ligado diretamente à presidência do banco.

Enquanto trabalhávamos em Brasília com a cúpula de planejamento estratégico do banco, eu tinha conta na agência Paulista, situada em frente ao meu escritório, ao lado da Rua Augusta. Cada vez que eu ia até a agência encontrava uma fila de pessoas esperando para lentamente ser atendida.

Após vários meses de trabalho em Brasília e as filas continuando nas agências, cheguei à conclusão que o trabalho não estava como o esperado: "O público não estava sentindo a diferença provocada pelos estrategistas".

Então, numa reunião, debatemos sob a ótica de que partir do geral para o particular iria levar muito tempo para ser sentido, e que era necessário atuar estrategicamente na ponta, ou seja, a partir das agências e dos problemas. Um dos problemas eram as filas de espera, especialmente a de aposentados.

Adotada a nova forma, a prioridade foi atuar nas superintendências regionais e agências com princípios básicos que eliminariam ou reduziriam impactos negativos junto aos usuários da instituição.

Uma aprendizagem desse episódio foi que em grandes corporações, nem sempre deve ser partir da cúpula e às vezes a mudança numa unidade de negócios ou num local pode irradiar rapidamente para o restante da organização como um modelo bem-sucedido a ser seguido, em lugar de ser um modelo elaborado de cima e sem conhecimento ou experimentação prévia.

Também na Administração Pública inúmeros fracassos têm sido promovidos quando se tenta fazer a grande reforma administrativa sem entrar no âmago de realidades específicas e particularizadas de cada órgão.

Outro caso interessante foi o de uma empresa de três sócios que eram primos que convocaram nossa equipe para um diagnóstico da área industrial, que se destinaria a um trabalho nesta área.

O especialista destinado a fazer o diagnóstico rapidamente localizou uma série de problemas na fábrica.

Em seguida, fomos a uma reunião com os três sócios e ali surgiu o dilema: segundo o diretor que cuidava da parte comercial o principal problema era a falta de novos produtos; o diretor financeiro dizia que o maior problema era de recursos, uma vez que para esse fim de mês não conseguiriam honrar os compromissos.

Ficamos então com um diagnóstico de múltiplas ramificações sem uma definição de por onde começar.

Ante esse panorama tive a idéia de perguntar como se encontravam as finanças dos sócios: um tinha acabado de comprar um andar na Avenida Faria Lima, em São Paulo, e outro tinha recentemente comprado e se mudado para um novo apartamento. A resposta foi de que particularmente estavam todos bem. Então perguntei de quem eram os três carros Mercedes Benz estacionados no pátio e disseram que eram deles.

Questionei novamente o que estava acontecendo e descobri que o interesse deles era preparar a empresa para vendê-la, uma vez que já tinham tirado tudo que era possível da empresa.

A aprendizagem desse caso foi a importância de um diagnóstico adequado antes de iniciar qualquer trabalho de assessoria a empresas ou organizações.

Outro caso de consultoria estratégica foi desenvolvido num grupo onde não havia um controle acionário centralizado numa única pessoa ou numa única família. Os fundadores tinham formado uma espécie de sociedade em que o maior acionista tinha 15% das ações com direito a voto e os outros tinham entre 15% e 10%.

Ninguém tinha o poder de mandar. O interessante desse caso é que naturalmente e pelo nível intelectual dos participantes do conselho, o processo decisório era sumamente avançado.

No passado, as decisões eram tomadas por maioria de votos e isso provocou que a minoria se sentisse vencida e desprestigiada.

A partir de então o processo decisório passou a seguir o formato: o grupo debate uma proposta, por exemplo, a realização de um vultoso investimento.

Um dos membros do conselho, mais conservador, fica contra o novo investimento e argumenta sobre os riscos que serão assumidos.

Isso deu motivo a uma nova discussão e o grupo como um todo termina argumentando sobre a importância da nova empreitada para manter a posição competitiva e termina pressionando pelos argumentos a que aquele discordando termine por aceitar que o grupo faça o investimento, porém, sugere que fique constando o seu argumento contra e solicita que dentro de um período de um ano ou mais se avaliem os resultados.

Este modelo decisório foi posteriormente denominado 'Sociocracia' pelo empresário holandês Gerard Endenburg que escreveu um livro no qual explica que o princípio de seu conceito é o de não objeção à decisão, ou consentimento, mesmo sem haver concordância plena com a idéia em debate.

No Grupo Votorantin tivemos oportunidade de visitar com um dos jatos do grupo a grande maioria das empresas que compõem o grupo. Estou acostumado a voar nos aviões grandes e sem medo. No entanto, lembro-me muito bem de que as minhas mãos ficavam molhadas de suor (paura) quando voávamos num grupo de três a cinco pessoas num avião pequeno.

A experiência interessante que posso relatar é a educação recebida pela terceira geração de respeito ao trabalho, de cumprimento dos horários e de disciplina em geral.

Parabéns aos pais que conseguiram formar uma geração de primos motivados e dedicados ao trabalho.

Isso tem garantido uma continuidade saudável do grupo em meio ao desaparecimento de muitas empresas familiares.

Uma atuação atenta ao mercado e ágil no processo decisório tem sido uma qualidade importante quando se trata de um grupo das dimensões do grupo Votorantin. Para eles não foi necessária a leitura do livro de Rosabeth Moss Kanter, *When giants learn to dance*.

Uma decisão estratégica de primeira grandeza foi, sem dúvida, a divisionalização do grupo por grandes negócios, e a desistência de negócios desinteressantes.

No meio de entidades tão grandes como o Grupo Votorantin, ou o Banco do Brasil, um caso que também foi muito interessante foi o da Semco, uma empresa não tão importante ou tão grande como as outras, porém, bastante *sui generis* na sua forma de gestão.

Todos conhecem o livro *Virando a própria mesa* de Ricardo Semler. Nele se mostra o empresário que imprime um estilo moderno de gestão que faz de sua empresa um campo de experiências administrativas e que se relaciona internacionalmente obtendo sucesso em diversas atividades relacionadas com prestação de serviços.

Tive oportunidade de assessorar o pai de Ricardo, sendo consultor familiar na preparação da partilha dos bens e depois acompanhar a trajetória de sucesso de Ricardo num modelo próprio, acreditando mais nos serviços do que na própria indústria legada pelo pai.

Já na gestão do jovem Ricardo Semler, fui designado para coordenar o conselho de gestão das várias empresas e convivi com seus principais executivos.

Apreciei o horário flexível que implantou na empresa, a cor das máquinas escolhida pelos funcionários, e muitas outras novidades na forma de tomar decisões pelo colegiado.

Considero Ricardo uma mente brilhante, com grande disposição para o trabalho, porém num estilo próprio, em que a vida privada nunca é sacrificada e a delegação é permanente.

Cada caso é um caso, e todos muito interessantes, sempre fonte de aprendizado ao mesmo tempo em que tive oportunidade de transmitir a minha experiência de muitos anos em empresa.

Apesar de toda a experiência acumulada, não deixei de cometer erros. Vivemos numa época em que o poder e o valor do dinheiro como estímulo para o trabalho ocupa um lugar de destaque que não pode ser menosprezado.

Em certo momento tive de contratar um pedreiro para executar um trabalho de elaborar uma entrada para minha casa que comportasse um telhado.

Tratava-se de duas paredes complicadas de acordo com o desenho do engenheiro. Na hora de contratar o serviço perguntei ao pedreiro como queria cobrar.

Ele disse: "Pode ser por dia ou por tarefa". Então perguntei: "O que prefere?" Ele respondeu: "Tanto faz." Combinamos por dia. Eu esperava que fosse um serviço a ser concluído em poucos dias.

O serviço foi iniciado, os dias passavam e a parede subia muito lentamente.

Todo dia eu questionava por que ia tão devagar e o pedreiro explicava que era difícil a colocação dos tijolos da forma indicada no desenho. Passaram-se três semanas para fazer uma das duas paredes.

Antes de iniciar a segunda parede tive uma idéia e perguntei: "Você quer fazer por tarefa esta segunda parede?" Ele respondeu: "Tudo bem, então o senhor me paga o mesmo que custou a primeira parede?" Concordei.

Depois de cinco dias a segunda parede estava pronta. Perguntei como tinha sido possível e ele explicou que estava fazendo horas a mais porque era por conta dele.

A motivação do dinheiro se manifesta de várias formas. Numa empresa multinacional, havia interesse de produzir um produto com nova tecnologia, porém era preciso apoio governamental para colocar o produto com exclusividade no mercado, ou seja, para ter mercado garantido.

Foi preciso adquirir uma empresa que estava parada pertencente a membros do governo e por um preço aviltado para obter o licenciamento para entrar no mercado desejado.

Num outro caso, querer que toda uma equipe participe com bônus sobre o faturamento da empresa, foi a forma encontrada para a equipe estar altamente motivada para as vendas e o faturamento e, por conseqüência, para os resultados.

No entanto, um programa elaborado sem cuidado pode produzir conseqüências negativas. Numa grande empresa com 3 mil funcionários se estabelece um sistema de remuneração por resultados fundamentados num orçamento irrealizável. Em vez de motivar a equipe, sentindo que as ações empreendidas não permitirão chegar ao mínimo para se obter a premiação, aumenta a desmotivação e o acúmulo de perdas se sucedem.

Na prestação de serviços profissionais também o estímulo monetário se faz sentir profundamente. Um processo se prolongava durante vários anos até que se decidiu que os participantes não estavam empenhados.

A partir daí, pensou-se na necessidade de estímulo monetário e se propôs um prêmio elevado caso se conseguisse resolver o processo em pouco tempo, e à medida que o tempo fosse passando o prêmio seria diminuído. Decorridos 60 dias o processo estava concluído.

Vivemos neste mundo, e não se trata de um problema tão-somente brasileiro. Diria que é em maior ou menor grau um problema mundial, em que as ambições e as motivações são mobilizadas, bem ou mal, pela ambição individualista de nossa sociedade.

Sobre isso pouco se tem escrito ou estudado nas universidades. Qual o fator milagroso que faz acontecer e como agir dentro de valores que comandam nossa conduta?

Acontecimentos Simultâneos no Brasil e na Argentina

A ditadura militar instalada no Brasil em 31 de março de 1964, com apoio de Carlos Lacerda e Magalhães Pinto, e com a Marcha da Família com Deus e pela Liberdade, teve como argumento principal evitar o comunismo, com o apoio financeiro, logístico e militar dos Estados Unidos.

Essa ditadura durou 20 anos. Somente em 1985 é que tomou posse um governo civil, com a eleição de Tancredo Neves. Ele morre antes da posse e assume o vice, José Sarney, recém-egresso da Arena.

Quando o primeiro presidente militar, Castelo Branco, editou o Ato Institucional nº 2 (AI-2) sobrepondo-se à Constituição e adotando postura declarada de ditadura, os golpistas civis romperam com o governo Castelo.

Dentro do próprio movimento militar existiam correntes diferentes, sendo uma de linha dura cujo representante era o general Costa e Silva e outra denominada 'grupo da Sorbone', e vindo da Escola Superior de Guerra (ESG) cujo expoente era o general Orlando Geisel, junto com Ernesto Geisel.

Após três anos se daria a posse do general Costa e Silva, revelando o rumo a ser seguido.

Uma figura de destaque e que atuava nos bastidores do governo militar foi Golbery de Couto e Silva. Ele era o intelectual estrategista que, com outros 42 coronéis, orientava os rumos a seguir e a sustentação da ditadura militar durante o tempo que durou.

Sob a presidência do general Humberto de Alencar Castelo Branco e, logo depois, de assumir editou o AI-1 que cassou os direitos políticos de 102 brasileiros, entre eles João Goulart, Leonel Brizola, Jânio Quadros, Miguel Arraes e Luis Carlos Prestes.

Golbery foi designado para chefiar o recém-criado Serviço Nacional de Informações (SNI).

Em 1967 foi aprovada a nova constituição que institucionalizava a ditadura.

As eleições para presidente passaram a ser indiretas, via nomeação e depois também a designação de governadores.

A Lei da Imprensa da época cerceava as liberdades de expressão.

Costa e Silva tomou posse em 1967 e desta forma a linha dura chegou ao poder.

O AI-5 foi chamado de 'golpe dentro do golpe' e os anos que se seguiram foram chamados de 'anos de chumbo'.

O auge da ditadura foi a designação do general Garrastazu Médici e o lema do governo era o de fechamento político, porém com grande euforia desenvolvimentista.

Médici foi o mais brutal dos generais presidentes e iniciou um combate sem trégua aos denominados terroristas, sendo a época da fuga e do desaparecimento de ativistas políticos contrários à ditadura.

Ernesto Geisel toma posse em março de 1974 e começa o processo de retorno gradativo aos quartéis.

A abertura se processa lenta e gradualmente. Somente mais tarde e com a posse do general João Figueiredo, o quinto presidente da era militar, é que se dá realmente a abertura e se prepara as eleições diretas.

Na Argentina, após a queda de Perón em 1955, sucedeu uma série de governos militares num período que se prolongou até 1983, com algumas interrupções frágeis.

De maio de 1958 até março de 1962, foi eleito presidente Arturo Frondizi e de outubro 1963 até junho de 1966, foi presidente Arturo Illia. Ainda de maio de 1973 até março de 1976, a presidência foi de Héctor J. Cámpora, Perón e Isabel Perón.

Quando em 1958 houve um retorno à democracia, a influência de Perón voltou com toda força e Frondizi foi eleito graças a sua ligação e apoio de Perón.

Os governos militares que se instalaram no poder na Argentina a partir do general Videla em 1976 adotaram uma linha dura onde houve perda total das liberdades individuais com um combate acirrado à guerrilha urbana, consistindo do extermínio da oposição.

Essa época ficou conhecida como 'Reorganização Nacional', de 1976 a 1983, que além da supressão de direitos e perseguições e extermínios, também designou interventores em universidades e nomeou prefeitos militares.

O período que vai dos meus 41 aos 55 anos de idade foi de grande atividade de consultoria.

Formamos uma equipe com 15 consultores e atuávamos em diversos clientes simultaneamente, sempre com Kurt, após a retirada de Paulo Lombardi para cuidar da fábrica que o pai tinha iniciado e que ele veio fazer crescer posteriormente.

Além da consultoria, desde o ano de 1980, eu estava na Universidade de São Paulo como professor. Em 1986 terminava o doutorado.

Os governos militares no Brasil trouxeram a supressão das liberdades com o lema desenvolvimentista e, nesse sentido, o País apesar de épocas de elevadíssima inflação, com até mais de 100% num ano, teve crescimento econômico, e a atividade profissional esteve aquecida.

Saudosistas que esqueceram o regime de exceção implantado, frente aos desacertos do governo Lula, pensam nos militares como solução para os graves problemas do Brasil. Eles se esqueceram de que durante a ditadura, instrução e saúde foram relegados a segundo plano, dando-se preferência a um desenvolvimento setorial com privilégios concedidos aos envolvidos no poder da ditadura.

No entanto, os efeitos desse período, no longo prazo, se mostraram de pouco valor para a grande população, uma vez que pouco foi investido em educação, e somente alguns setores como comunicações, telefonia e tecnologia, foram privilegiados.

Por outro lado, o setor de informática teve leis de proteção, com a criação da Secretaria Especial de Informática (SEI) com vantagens para uns poucos grupos que fizeram alianças com empresas estrangeiras detentoras da tecnologia, e tanto os produtos introduzidos, como os mercados protegidos se mostraram altamente ineficazes com o tempo.

O mesmo ocorreu na indústria petroquímica, em que o modelo tripartite introduzido no pólo de Camaçari mostrou a sua baixa eficiência em comparação, por exemplo, com o modelo japonês similar.

Enquanto todo o pólo é no Japão uma única empresa integrada com uma única diretoria e um único laboratório, no Brasil esse modelo implantou um número grande de pequenas empresas cada uma com uma diretoria e com seu próprio laboratório.

Naturalmente o modelo implantado iria em princípio ser muito mais oneroso.

A vantagem do modelo brasileiro, isto é, se pode ser considerada vantagem, envolvia uma série de empresas favorecidas e criava uma série de cargos importantes para pessoas que poderiam ser apadrinhadas, inclusive do grupo Petroquisa.

Deixado de lado o aspecto das liberdades individuais, abstendo-nos de fazer ou pensar em política, a época foi favorável para os negócios de consultoria.

Ao mesmo tempo, 20 anos sem eleições diretas, provocou apatia no povo, impedido de pensar e de escolher seus representantes, que lhe eram impostos.

Sem dúvida, representou um grande retrocesso tanto para o Brasil como para a Argentina, a intervenção das Forças Armadas no comando civil dos dois países.

Já na minha juventude, com 19 anos, me neguei a fazer o serviço militar por não concordar com a idéia da submissão cega e obediente, sem poder pensar, e durante toda a minha vida, sempre considerei que os militares devem ter uma atuação muito restrita, como defesa de fronteiras, apoio logístico e especialmente papel dissuasivo de intervenções externas.

A entrada dos militares na política é a pior coisa que pode acontecer a um país, e infelizmente esta atuação tem estado muito presente em toda a América Latina na minha vida dos anos 30 aos 80, nesses 50 anos.

Quando tivemos regimes denominados democráticos, esta democracia foi sempre relativa, com falta de defesa dos direitos humanos mais elementares, como o direito ao trabalho, sem falar de habitação, saúde e educação.

Também nos regimes democráticos uma das características tem sido a de evidente corrupção nos altos escalões e irradiando para todos os níveis.

Por esse motivo, em 2005, no último congresso da Sociedade Latino Americana de Estratégia (SLADE), que aconteceu em Santa Cruz na Bolívia, na cidade de Santa Cruz, foi apresentada a Carta aos Presidentes.

O tema foi *Reinventando as estratégias para o desenvolvimento da América Latina*. Esse tema se refere à necessidade de mudar prioridades por parte das políticas públicas, inserindo a iniciativa de organizações dispostas a colaborar para o desenvolvimento.

Uma das teorias em voga nos países da América Latina é que primeiro precisa aumentar o tamanho da economia para que depois isso se reflita no nível de vida da população.

Denominamos isso de teoria do 'derrame', significando que a partir do bem econômico se obterá o bem populacional.

No entanto, para promover o desenvolvimento é preciso mudar, mudar a forma do modelo de gestão de governo, para um modelo prático e a serviço e não um modelo corporativo que defende primeiramente seus interesses. Em segundo lugar um modelo sério, que combate corrupção desde os mais elevados níveis, que remunera adequadamente, com impostos razoáveis e onde todos pagam, eliminando a informalidade.

Por fim, um modelo que priorize educação e saúde, sem paternalismos demagógicos ou distribuição de cestas básicas e dinheiro. O que as pessoas precisam é preparo e qualificação para trabalhar e de oportunidades reais de realização.

No grupo de consultores em que participei durante um bom tempo, desenvolvemos uma borboleta estratégica para o desenvolvimento, que apresento a seguir.

Uma das premissas básicas do processo do desenvolvimento está associada à insatisfação dos agentes da sociedade.

Esses agentes são os governos, as empresas, as entidades não governamentais, as comunidades e suas lideranças, as universidades como agentes de mudança, como também a igreja, todos mobilizados no atendimento da sociedade e suas necessidades.

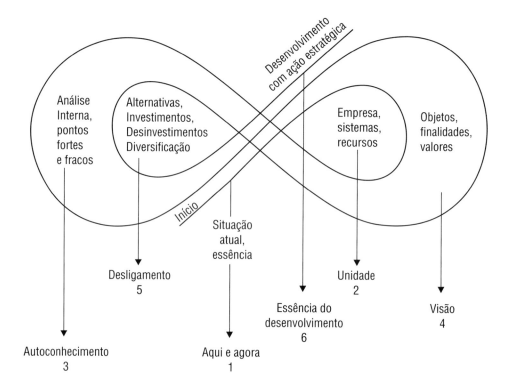

O objetivo da borboleta desenvolvida no Grupo de Consultores foi destacar os vários momentos do processo do desenvolvimento e que terminou apresentando o desenho de uma borboleta em movimento.

O primeiro momento da borboleta é o da situação atual, que se encontra na essência do sistema, e que implica uma adequada análise do ambiente político, social e econômico, educacional e da saúde como elementos básicos, do saneamento e da infra-estrutura habitacional: 1 — *AQUI E AGORA*.

A partir desse momento passamos a *sentir e perceber* a situação atual, o que fizemos quando apresentamos o cenário e alguns dados sobre os problemas locais. O perigo agora reside na contemplação passiva. É preciso mobilizar criatividade para promover as mudanças. O segundo momento se refere ao sistema em funcionamento, a comunidade, a empresa, a cidade, o estado, e os recursos disponíveis para agir. Representa o sistema: 2 — *A UNIDADE*.

Um terceiro momento se refere à análise das possibilidades de transformar a realidade existente em função da análise dos fatores favoráveis e ou desfavoráveis que influem na tomada de decisões. A questão que surge é se temos a capacidade e a força necessárias para promover o desenvolvimento e forjar o futuro: 3 — *AUTOCONHECIMENTO*.

A seguir, e em seqüência, existe a ponderação de objetivos que se quer atingir, finalidades que se almeja e valores com que estes objetivos e fins são considerados. A clareza dos objetivos é um fator importante preparatório para a elaboração das ações a empreender. 4 — *OLHO CRÍTICO E VALORAÇÃO*.

Num momento decisório e estratégico por natureza, lidamos com as alternativas possíveis de promover o desenvolvimento; isto é, tomar rumos definidos de atuação que implicam alocação de recursos nos temas prioritários como saúde e educação, e para tanto é necessário nos afastarmos de verdades que eram tidas como absolutas até então: 5 — *DESLIGAMENTO*.

Por último e escolhidas as alternativas, promovemos a ação que leva ao *Desenvolvimento Estratégico*. Obtemos o movimento da borboleta para uma nova posição, para um instante diferenciado, para um novo estágio obtido graças à ação da comunidade em parceria com governo, universidades e entidades mobilizadas para uma ação liderada pretendida: 6 — *ESSÊNCIA DO DESENVOLVIMENTO*.

Capítulo 9

CONSOLIDANDO POSIÇÕES

(1987 – 1994)

omo já vimos, a partir da década de 1980, tanto Brasil como Argentina iniciaram eleições diretas e processos democráticos.

Na Argentina, após o general Videla ter assumido em 1981, no mesmo ano foi deposto pelo general Galtieri. Em 1982, os militares ocupam as Ilhas Malvinas e o País sofre derrota pelas Forças Armadas Britânicas. Com forte pressão provocada pelo colapso econômico, o general Reynaldo Bignone é designado para fazer a transição e conduzir a abertura democrática.

E, em 1983, o candidato da União Cívica Radical, Raul Alfonsin vence os peronistas.

Ele promove uma ampla investigação sobre os crimes cometidos pelo regime militar especialmente com relação à violação dos direitos humanos e lança em 1985 o denominado Plano Austral, tentando conter a inflação e promover o desenvolvimento.

Apesar desse plano, a inflação continua elevada, a economia estagnada e em 1987 os radicais sofrem derrota em eleições legislativas e para governadores. Movimentos militares ocorrem, porém são frustrados.

Durante a gestão do presidente Alfonsim, o ministro da Economia Grinspun me convida para um trabalho de assessoria junto a seu Ministério.

Foi uma experiência interessante em que constatei os mecanismos de isolamento político em que vivem ministros de Estado, informados sempre com as notícias que gostariam de ouvir, em vez de conhecerem a realidade.

Tinha decorrido seis meses da gestão do Ministro e a sua equipe diretamente subordinada; nunca houve um trabalho coordenado. Tive oportunidade de reuni-los e buscar formas de sinergia entre as diferentes áreas do Ministério da Economia.

Em 1989, o candidato peronista Carlos Menen vence as eleições e Alfonsin deixa o governo poucos meses antes de terminar o seu mandato em meio a grave crise econômica marcada por inflação de mais de 3.000% ao ano.

Carlos Menen, no meio de ainda uma elevada inflação, inicia em 1990 um processo de maciça privatização dos serviços públicos.

Com Domingo Cavallo como ministro da Economia, são estabelecidas a paridade e a conversibilidade entre o peso e o dólar e a inflação cai.

Nos próximos três anos continuam vitoriosos os peronistas, e através de um acordo entre Menen e Alfonsin, o primeiro é reeleito para um mandato de quatro anos em 1994. Nesse ano, em 18 de julho, ocorre na Argentina o atentado contra a Amia, principal associação judaica do país, e que ainda é, após 12 anos, não conseguiu apurar e prender os culpados.

No Brasil de 1980 ocorrem, ainda, no regime militar com o presidente Figueiredo, greves com prisões de sindicalistas, entre eles o líder Luis Inácio Lula da Silva. Logo depois é criado o Partido dos Trabalhadores (PT). Outros partidos, como PSD, PMDB, PDT e PTB surgem nessa época.

Em 1983 surge a CUT e devido ao Brasil não conseguir pagar a sua dívida externa, o general Figueiredo decreta a moratória da dívida.

Em 1984, grande mobilização popular exige eleições *Diretas Já*, e em eleições indiretas o colégio eleitoral escolhe o oposicionista Tancredo Neves para presidente. Porém, com a morte de Tancredo antes da posse, assume a presidência, em 1985, o vice da chapa, José Sarney.

Assim como na Argentina foi lançado o Plano Austral, no Brasil é lançado o Plano Cruzado, para tentar conter a inflação. Em 1986, o PMDB vence as eleições para o Congresso e elege a grande maioria dos governadores.

Em 1988, Sarney decreta o fim da moratória e consegue o re-escalonamento da dívida externa. Como a inflação continua alta em 1989 a moeda passa a ser o Cruzado Novo.

Em 1989, Fernando Collor de Mello (PRN) vence Luiz Inácio Lula da Silva (PT) nas primeiras eleições diretas para Presidência da República. Logo no início do seu governo em 1990 é lançado o Plano Collor que congela depósitos bancários e limita movimentação das contas.

Inicia também um programa de desestatização.

Em 1991 firma-se acordo entre Paraguai, Uruguai, Argentina e Brasil para criar o Mercosul e que deveria funcionar a partir de 1995.

Apesar de ter sido eleito democraticamente, o governo Collor teve curta duração devido a graves problemas de corrupção e que terminam com o impeachment de Collor pelo Congresso. Isso ocorreu em 1992, e o vice-presidente, Itamar Franco, assume a Presidência.

O então ministro da Fazenda de Itamar, Fernando Henrique Cardoso, toma medidas para estabilizar a moeda, e cria o Cruzeiro Real. Em julho de 1994, é iniciado um novo plano que teve a denominação de Plano Real, e a nova moeda, o Real, aproxima-se do dólar, superando-o nos primeiros meses.

Devido à estabilidade atingida com a moeda e uma melhora na economia, o ministro FHC se candidata e ganha as eleições para presidente para um mandato de quatro anos, tomando posse no início de 1995.

Em 1997, o professor Gileno Marcelino da Universidade de Brasília (UnB) me convida para uma palestra no Palácio do Planalto sobre o tema Estratégia de Estado e adota o meu livro na cadeira de Estratégia daquela universidade.

A inflação e a economia estabilizadas, uma emenda constitucional permite a reeleição do Presidente, governadores e prefeitos. Em 1998 Fernando Henrique Cardoso é reeleito para Presidente da República e toma posse em janeiro de 1999.

Apesar da previsão de alguns economistas, como Maílson da Nóbrega, que achavam que no governo novo haveria estabilidade da moeda, o Real sofre forte desvalorização e, em 1999, implanta-se o câmbio flutuante.

Em 1988, lancei o meu programa denominado Trilogia Estratégica, composto de três seminários de dois dias cada um. Era o primeiro sobre conceitos de Estratégia, o segundo sobre Técnicas e o terceiro sobre Implantação Estratégica.

Para esses programas e livros contei com a influência do professor Igor Ansoff durante a minha permanência em Bruxelas, na Bélgica.

Meu primeiro livro estava relacionado aos conceitos apresentados no primeiro módulo de dois dias, e o segundo livro estava mais relacionado com o tema do terceiro módulo sobre implantação.

Faltava ainda um livro sobre o segundo módulo, que não escrevi porque achei um livro específico sobre o tema chamado *Tools and technics for strategic management* de Robert McNamee.

Esse programa foi oferecido nos melhores hotéis da cidade de São Paulo, como Hilton, Mofarej, Caesar Park, Clube Nacional, Centro Empresarial, durante 10 anos, com atualizações anuais da programação.

O seminário foi também apresentado várias vezes em Brasília e em Buenos Aires, Montevidéu e Lima.

Tive sempre um número de participantes em torno de 40 pessoas, executivos de importantes organizações, filhos de grandes empresários e também participantes da cúpula do governo, como presidente do INSS, o Ministro da Cultura, assessores de alto nível do governo e inclusive professores de outras universidades, que posteriormente adotaram meu livro nos seus programas da disciplina sobre estratégia.

Também fui convidado a dar uma palestra no Palácio do Planalto para os funcionários do Palácio.

Foi nessa época também que o Dr. Guilherme Quintanilha de Almeida, secretário da Receita Federal, me convidou para dar uma assessoria em Brasília.

Em 1988, após ter participado durante vários anos das conferências da Strategic Management Society, fundada em 1980, decidi com Roberto Serra e Jorge Hermida, ambos professores da Universidade de Buenos Aires, que deveríamos iniciar uma entidade latino-americana. Surge em 1988 por minha iniciativa o Primeiro Congresso da Slade, realizado no Rio de Janeiro e que contou com um número inicial pequeno de 30 participantes.

Nos anos seguintes a Slade teve grande desenvolvimento e chegou a fazer congressos com mais de mil participantes.

Em 1989 e estimulado pela quantidade de seminários que estava realizando *in company* e meus seminários da trilogia anuais e abertos, decidi adquirir uma área em Campos do Jordão (SP) com a finalidade de criar um centro de estudos.

Tinha visitado diversos centros de estudo na Europa, como EIASM, o Imede, em Loussane, o Insead em Fontemblaeau, o Dutwailer Institut na Suíça, o Hotel El Mirador com salas especialmente construídas por especialistas de Harvard e inspirado na idéia, elaborei um anteprojeto do centro de estudos.

O Hotel El Mirador está situado numa montanha, no Mont Saint Pelerin, e possui uma vista maravilhosa das montanhas suíças. As salas, que foram projetadas especialmente para aulas de MBA, possuem toda a tecnologia disponível, como: cortinas que se abrem para a maravilhosa vista, computador que aciona o escurecimento da sala, controle dos equipamentos de projeção e de som, e disposição na forma de anfiteatro, de maneira que todos os alunos possam ver sem problemas o professor.

Inspirado na montanha nevada com vista deslumbrante, decidi que algo semelhante seria necessário para instalar o nosso futuro centro no Brasil. Claro que sem neve, mas na montanha e com vista, melhor ainda num topo de montanha.

Comprei uma área com uma vista maravilhosa e de difícil acesso no caminho do Horto Florestal, com muita mata virgem, e com o projeto embaixo do braço fui visitar meus amigos empresários aos quais tinha prestado consultoria durante bastante tempo e que me conheciam bem.

Um deles presidente de uma grande empresa privada lucrativa me perguntou se o instituto seria sem fins lucrativos.

Eu respondi que não era esta a finalidade e sim ser uma empresa com participação de dez empresas que teriam seus privilégios, como acionistas do empreendimento. Pediu para pensar e nunca deu resposta.

Outro me disse: "Você é nosso consultor, não seja empresário, deixe isso para nós".

E assim foi que eu perdi a vontade de continuar com o projeto. Aliás, pouco tempo depois a Fundação Instituto de Administração (FIA) criou um centro para treinamento de executivos dentro de São Paulo, atrás da USP.

Voltei a Campos de Jordão e falei com o Sr. Benedito, o simpático corretor que me vendera a área de 250 mil metros quadrados, e que estava novamente à venda porque os empresários aos quais eu tinha oferecido o projeto não mereciam o meu esforço para consolidá-lo.

Ele sabiamente me aconselhou a não vender e sugeriu transformar a área num condomínio. Inicialmente rejeitei a idéia de me tornar incorporador de áreas destinadas à comercialização.

Quando me falou de condomínio ecológico, no entanto, comecei a me interessar porque a área adquirida possuía muitas matas que ocupavam mais da metade do espaço.

Iniciei um diálogo com a arquiteta Marilia Richieri que apresentou várias opções, entre as quais, dividir toda a área em unidades de mais de dez mil metros, o que caracterizaria chácaras, e teria aprovação fácil, porém utilizaria as áreas verdes que então poderiam ser parcialmente desmatadas.

Não aceitei a idéia de prejudicar as matas e partimos, então, para um projeto somente para as áreas de campo.

Um dado interessante dessa área é que não tinha acesso fácil. Para conhecê-la fomos — Eva, eu e sr. Benedito — por uma trilha, numa subida sinuosa, até atingir o topo da área.

Não sabíamos ainda como seria possível chegar lá por uma estrada como uma rua.

Surgiu então a possibilidade de se construir uma ponte diretamente sobre o rio acessando diretamente nossa área, que tinha 250 metros frente ao rio, e fazer então um caminho sinuoso que permitisse subir até o topo.

Com o projeto elaborado da ponte iniciamos a construção rústica típica de Campos do Jordão. Quando pronta, convidamos o Prefeito e o pessoal da obra para um churrasco de inauguração.

Essa experiência permitiu provar o conceito de estratégia como arquitetura, em que é necessário sonhar várias vezes com uma idéia, projetá-la, construí-la e depois passar a usá-la. Foi grande a satisfação da realização desse sonho de acessar a área diretamente do asfalto da Avenida Pedro Paulo.

O projeto elaborado pela arquiteta Marilia seria de unidades menores e mais difíceis de serem aprovadas, porém seria respeitada a natureza, o que se apresentava como mais adequado, no meu entendimento de leigo em assuntos legais.

Mais tarde, compreendi quanto era mais difícil a aprovação do projeto junto aos órgãos do governo municipal e estadual.

A arquiteta Marilia teve um papel decisivo na definição do projeto e na elaboração de plantas e memoriais para apresentação à Prefeitura de Campos do Jordão.

Com o projeto pronto demos entrada na Prefeitura, que então tinha poderes outorgados pelo Estado de São Paulo, para analisar e aprovar ou não projetos do ponto de vista ambiental.

Duvidando do sucesso da idéia do condomínio, e ainda na expectativa de um dia realizar o sonho do centro de estudos, dividimos a área em duas glebas 'A' e 'B'; a A seria destinada à comercialização, e a B ficaria reservada para o caso de mais tarde voltarmos à idéia do centro de estudos.

O projeto da gleba A foi então encaminhado para a Prefeitura.

Depois de muito trabalho ficou provado que não haveria dano ambiental e obtivemos aprovação do projeto e iniciamos as vendas.

Aos poucos surgiram as primeiras casas enquanto aprovávamos também a documentação no Registro de Imóveis e passávamos as primeiras escrituras.

A experiência do 'caso Florestal Club' que foi como denominamos o empreendimento por possuir uma área de lazer de cinco mil metros, com quatro quadras de tênis e poliesportivas, playground e estacionamento, provou que o emergente pode ser mais importante que o deliberado quando se trata da estratégia. Essa idéia já fora preconizada por Igor Ansoff, muito antes.

O tempo foi passando e o grupo de condôminos aumentando até serem iniciadas as tão famosas Assembléias de Condôminos, onde tudo acontece. As nossas não foram diferentes, apesar do esforço de tentar manter o melhor nível possível.

Um questionamento que surgiu nessas reuniões foi o que seria feito da gleba B. Seria destinada a uma atividade comercial? Seria feito um hotel ou construído um hospital? Tais foram algumas perguntas e logo a sugestão é que deveria ser seguido modelo semelhante ao da gleba A.

Como esta primeira gleba tinha sido bem-sucedida, não havia motivo para mudar, e assim elaboramos o projeto de continuar com unidades residenciais na gleba B.

Estava claro que como negócio imobiliário era muito interessante, se bem que a primeira gleba exigiu a se fazer investimentos altos em infra-estrutura como luz, água e posteriormente asfalto, a gleba B já com a infra-estrutura instalada, permitiria resultado melhor.

Quando as primeiras casas construídas quiseram registrar, surgiu a necessidade de uma retificação junto ao Registro de Imóveis porque as casas feitas nem sempre tinham seguido as medidas e o padrão originalmente aprovados.

Por outro lado, a documentação da gleba B seguiu um percurso diferenciado precisando de prévia aprovação do Graprohab, órgão do Estado, que demorou cinco anos para dar veredito positivo, mesmo que não haveria prejuízo ambiental e conservando todas as áreas de matas.

O processo documental e burocrático foi tremendamente complicado e demorado, realmente burocrático, e somente agora, depois de aproximadamente 10 anos de lutas documentais e atendimento a exigências é que conseguimos por fim regularizar tudo e podemos fazer as escrituras das duas glebas sem maiores problemas.

Não há dúvida de que os processos documentais no Governo do Estado de São Paulo precisam ser agilizados e desburocratizados para permitir o desenvolvimento, evitando com todo rigor prejuízos à natureza.

Enquanto eu estava seguindo a rigor a conservação da natureza, em áreas vizinhas e sem nenhum projeto em andamento, se realizavam estragos e queimadas sem quaisquer providências por parte dos órgãos competentes. Eles não tinham entrado com nenhum projeto para avaliações, mesmo assim ninguém tomou conhecimento do estrago que estava sendo feito.

Capítulo 10

A Vida de Empresário

(1994 – 2001)

oltando a nosso País vizinho, na Argentina de 1995, Menen é reeleito. A conversibilidade peso/dólar se mantém, no entanto, o ministro poderoso da Economia, Domingo Cavallo, é destituído em 1996. Em 1997, a UCR coligada ao novo partido Frente País Solidário (Frepaso) vence eleições para a Câmara de Deputados e principais distritos e, em 1998, começa uma disputa entre Eduardo Duhalde, governador da Província de Buenos Aires, e Menen, mesmo sendo ambos peronistas. O motivo da discórdia era a oposição de Duhalde a mais uma reeleição de Menen.

Crescem as oposições a Menen e a economia enfrenta crise e redução de atividade.

Em 1999, uma aliança entre UCR e esquerda vence Duhalde e assume a presidência Fernando de La Rua. São realizados cortes nos gastos públicos tentando diminuir a pressão sobre a conversibilidade da moeda.

Em 2001, Domingo Cavallo é reconduzido ao Ministério da Economia na tentativa de salvar a moeda, no meio a fuga de capitais e desconfiança.

Manifestações populares provocam a saída de Fernando de La Rua, ocasião em que Eduardo Duhalde assume interinamente como presidente e nas eleições do ano seguinte Nestor Kirchner vence as eleições e toma posse em maio de 2003.

Com grande número de desempregados e com uma crise que dizimou a classe média argentina, vejamos o que estava ocorrendo no Brasil.

Fernando Henrique Cardoso cria em 1996 o programa Comunidade Solidária e iniciam-se algumas privatizações.

Reforma-se parcialmente a Previdência Social que era a maior geradora de ônus do governo, e aceleram-se as privatizações em 1997 e 1998.

Também é aprovada a reforma administrativa do Estado que terminou sendo um completo fracasso.

Em 1999, segundo mandato de FHC, após forte desvalorização do Real, foi adotado o câmbio flutuante. Pouco antes o Brasil tinha aderido ao protocolo de Kyoto e ao Tratado de Não Proliferação de Armas Nucleares.

Elaboram-se tentativas de planejamento orçamentário em 2000, mesmo assim o Brasil sofre falta de energia em 2001. As relações com o FMI são mantidas em bom nível de entendimento, pois o Brasil cumpre com seus compromissos internacionais, então, em 2002, o Brasil tem à disposição 30 bilhões de dólares.

Em 2002, nas eleições para presidência da República, Luis Inácio Lula da Silva vence o candidato tucano José Serra, e toma posse em janeiro de 2003.

Retomando a história a partir de 1980 até 1998, ou seja, durante 18 anos fui professor da Universidade de São Paulo. Dei aulas na graduação e na pós-graduação após a minha formatura no doutorado em 1986. Adorei dar aulas. Vibrei na preparação, adorei meus alunos e desde o primeiro ano em que iniciei como professor até os últimos anos em que convivi com eles.

Agradeço à vida a oportunidade que me foi oferecida de transmitir experiências, de compartilhar valores, de defender direitos humanos, de me posicionar livremente, sem censuras, frente a uma juventude que muito promete para o futuro do Brasil.

Sempre acreditei e continuo acreditando no potencial criativo, na capacidade de trabalho e no espírito humanístico das novas gerações. Talvez por esse otimismo permanente com relação a meus alunos é que sempre fui bem avaliado por eles.

A partir de 1997, ministrei também, a convite, classes nos MBAs da Fundação Instituto de Administração (FIA-USP), onde fiquei por mais 7 anos, até 2004, quando então decidi pela retirada estratégica.

No entanto, continuo até hoje, 2006, ministrando aulas como convidado em alguns MBAs da FIA-USP.

A minha escolha de ser sempre professor em tempo parcial RTP, regime com tão-somente obrigação de ministrar aulas e alguns trabalhos acadêmicos, fez com que minha aposentadoria como funcionário da universidade ficasse irrisória em termos econômicos. Por isso percebi que seria necessário ter alguma atividade adicional de sustentação.

Além disso, nos anos anteriores, fui empregado, tinha sido consultor durante outros trinta e tantos anos com meu sócio Kurt Lenhard, e simultaneamente à consultoria fui professor e, também, tinha sido executivo na produção com mil subordinados além de ter ocupado uma superintendência. O que faltava era ter assumido uma empreitada própria como empresário. Era a oportunidade de testar as idéias preconizadas, sem contudo ter a ambição de criar uma grande empresa.

Esperei o surgimento de alguma oportunidade, sem procurar algo novo para fazer.

Pelo fato de meu pai ter sido comerciante, eu tinha certa aversão a negócios e tinha levado até então atividades sempre menos mercantilistas, por opção.

A dedicação para ganhar dinheiro era como um sacrilégio ao qual não pretendia me submeter. Sempre preferi ser remunerado prestando um serviço que valesse para outros.

No entanto, apresentando um seminário em Buenos Aires, uma senhora que estava presente veio me falar após a aula que ela tinha uma empresa importadora de instrumentos musicais na Argentina e que gostaria de abrir uma semelhante no Brasil.

Gostaria de ter certa assessoria com essa finalidade, pois não conhecia as leis brasileiras e o mercado.

Expliquei que não era a minha área de atuação como consultor, porém poderia ajudá-la, pois tinha um amigo que durante muitos anos tinha sido gerente de uma importante loja de instrumentos musicais, a Casa Manon, e que estaria disponível para colaborar.

Pouco tempo depois ela veio ao Brasil e marquei uma reunião com meu amigo Leopoldo e fiz as apresentações. Ela ficou encantada, eles se entenderam para formar uma empresa brasileira para importar instrumentos. Ela se encarregaria dos contatos internacionais e compras, e ele da parte comercial.

Nesse estágio, eles me convidaram para assumir a parte administrativa da sociedade. Estava surgindo a possibilidade de testar meus conhecimentos teóricos e meus palpites como consultor em um empreendimento com participação acionária.

Por outro lado, a idéia de submergir em atividade rotineira de uma empresa importadora não me agradava, pelos motivos já expostos, então, consultei minha filha Elizabeth, caso ela estivesse disposta a atuar nessa empresa. Ela aceitou e nós ficamos sócios do novo empreendimento.

A Betty assumiu a gestão e foi muito bem-sucedida, aprendendo no início com dona Suzana e Leopoldo, depois conduzindo o negócio de instrumentos musicais com sucesso. No entanto, não demorou muito para a sócia argentina entrar em conflito com o homem de vendas que eu tinha apresentado, e este acabou saindo da empresa. Lamentamos a saída do Leopoldo, que era um profundo conhecedor do setor.

Um ano depois, sentimos que as compras sendo feitas da Argentina não atendiam a nossas necessidades locais, entramos num entendimento e adquirimos a parte da sócia argentina, ficando os únicos donos da importadora.

Como a Betty nesse meio tempo ficou grávida, o marido, Richard, assumiu gradativamente a empresa, eu participei acionariamente com Betty e atuo somente num acompanhamento a distância. De certa forma estou agora também na ativa como empresário mantendo meu papel de consultor sem maior envolvimento.

O Richard (Saad Romano), marido da Betty e meu genro, levou adiante o projeto da G.R. de Gaj Romano e aumentou volumes e clientes. Adquirimos um novo local e consolidamos posições como empresa, não muito grande, porém bem conduzida.

Além desses acontecimentos, em 1996, o Departamento de Administração da FEA-USP organizou um seminário, dirigido a organizações do terceiro setor, ou seja, às famosas ONGs. Não são empresas lucrativas, também não são empresas públicas. São, sim, entidades filantrópicas.

Identifiquei-me com o Centro de Recuperação Educacional e Nutricional (CREN), que trata de crianças subnutridas, após triagem feita geralmente em favelas. Desde então, isso já faz dez anos, tenho colaborado como voluntário em suas atividades e fico satisfeito pelo desenvolvimento positivo que a atividade do centro tem atingido.

Existe um número muito grande de crianças subnutridas em nosso país, e no mundo. O campeão da desnutrição é seguramente o continente africano, porém, o Brasil também possui elevado índice de desnutrição infantil, com mais de 100 mil crianças desnutridas que precisam de tratamento somente em São Paulo.

Tive a infelicidade de um neto, o primeiro a chegar, padecer de uma doença que foi aparentemente contraída através da vacina tríplice quando tinha um ano de idade, com convulsões que provocaram um grande atraso no seu desenvolvimento. Hoje é uma criança especial e requer cuidados, está com 13 anos de idade.

Esse fato e a sensação de impotência têm-me motivado a atuar em favor das crianças que carecem de ajuda, e para as quais é possível resolver o problema, para promover seu desenvolvimento, e, sem dúvida, esse foi o motivo pelo qual abracei a causa do CREN. Atualmente exerço as funções de presidente de um conselho, formado por um grupo de pessoas de boa vontade dispostas também a colaborar para o futuro dessas crianças.

A entidade mantenedora do CREN é a Salus Paulista, e toda a equipe diretiva é formada por pessoas com elevado espírito comunitário e desprendimento para o trabalho social.

Entre elas se destacam: Ana Lydia Sawaya, Gisela Solymos e Malu (Maria Luiza Soares), e agora também o Will se integrando à diretoria.

Pela minha formação em estratégia, tenho orientado o CREN no sentido de multiplicar ação na comunidade e assim surgiram duas áreas de atuação: uma destinada a atender mais de mil crianças por ano em ambulatório e internação, na unidade de Vila Mariana e uma unidade de projetos, voltada a novos centros e ao trabalho educacional, uma vez que o CREN se tornou um centro de excelência no tratamento da desnutrição.

Foi inaugurada recentemente uma unidade na Vila Jacuí, Zona Leste de São Paulo e foi criado um centro de atendimento em Campinas e Jundiaí. Há outra unidade em Maceió, também há os projetos educacionais sobre nutrição que estão tendo grande repercussão.

Gisela, Ana Lydia e Malu, assim como toda a equipe de profissionais, atuam numa forma que podemos denominar 'num estado de graça', com relação à vocação para o trabalho social, assim como eu, elas estão profundamente motivadas para ajudar às crianças, ao mesmo tempo em que se aprofundam na atividade acadêmica para que o trabalho seja cada vez melhor.

Acredito que o problema da pobreza, um problema crônico no Brasil, e sem perspectivas de solução a curto prazo, seja a nossa maior inquietação, pois ele é o provocador da injustiça social e do desemprego, da violência e muitos outros problemas decorrentes que nos preocupam.

As grandes desigualdades nos níveis de renda e a injustiça social atentam contra os diretos humanos, provocam a exclusão social, fomentam insatisfação e prejudicam o desenvolvimento, exigindo urgente mudança de prioridades por parte dos nossos governantes.

Exigem também mobilização da sociedade civil no combate à pobreza.

Ana Lydia, que é chefe do Departamento de Fisiologia na Unifesp, foi convidada a formar um grupo interdisciplinar sobre Nutrição e Pobreza no Instituto de Estudos Avançados da USP. Ela me convidou para fazer parte do grupo, e por meio deste órgão temos exercido a nossa influência para a continuidade do combate à desnutrição e à pobreza.

Entre outras atividades, foi realizado em agosto de 2005 uma oficina sobre "Diagnóstico e Solução de Problemas Nutricionais e Alimentares no Brasil — Formando Parcerias", onde tivemos a participação e o envolvimento dos Ministérios da Saúde, da Educação e do Desenvolvimento Social, além de um grupo escolhido e fechado de 40 convidados, formado por especialistas da área.

Esse foi um primeiro passo na formação de diálogo entre universidade, sociedade e governo, na busca de resolver os graves entraves à solução dos atuais problemas alimentares.

Já tínhamos realizado em 2004 um evento aberto ao público na Faculdade de Educação da USP e em Novembro de 2006 realizamos um terceiro Evento com Ministérios, Empresas de Alimentos e Acadêmicos para o debate das políticas públicas de incentivo à educação para a nutrição e combate à pobreza.

Capítulo 11

A G.R., o Florestal e o CREN: Os Conselhos de Gestão

(2001 – 2007)

Os meus filhos foram casando e se encaminhando com suas famílias.

A Déborah e o Haroldo, com o Jorginho para tratar, ele médico e ela se envolvendo em atividade social cuidando de crianças especiais.

A Elizabeth (Betty) tratando de suas duas filhas, Victória e Stefani, e ainda esporadicamente participando na G.R.

O Daniel teve uma carreira meteórica como executivo de multinacional e viajou o mundo. Esteve em Portugal, na Indonésia, em Hong Kong. Foi diretor financeiro de uma unidade em Jacarta. Decidiu, apesar das mordomias, voltar ao Brasil e iniciar seu próprio negócio em parceria com seu amigo Eduardo e o irmão dele, o Paulo. Hoje é um empresário de sucesso. A Deby, sua esposa, é dentista e eles têm dois filhos, a Julia e o Gabriel.

A Sofia, por sua vez, trabalha com uma sócia, a Silvia, em projetos de arquitetura. Fez várias casas em Campos do Jordão e na praia, na Barra do Sahy, também trabalha com projetos de decoração ambiental. O marido Dov tem uma empresa de passagens e turismo. Eles têm duas crianças, o Rafael e a Tatiana.

Da minha parte, nos últimos anos, tenho me dedicado mais a 'meus negócios'. São eles atividades filantrópicas e de defesa dos direitos humanos, e para sobrevivência ainda assessorando a G.R. Pela G.R. participo quase todos os anos de feiras internacionais nos Estados Unidos e na Alemanha, também viajei para Taiwan e Coréia do Sul para visitar fornecedores.

No entanto, o projeto que considero projeto de vida é o condomínio Florestal, o qual tem me ocupado bastante.

Simultaneamente a essas atividades dedico parte do meu tempo também ao Instituto de Estudos Avançados da USP, dessa maneira um vínculo com a universidade.

As minhas aulas nos MBAs da FIA-FEA da USP estão sempre no meu tema principal e ao qual tenho me dedicado, que é Estratégia. Dei aulas para executivos do Programa de Capacitação Gerencial, no MBA de Tecnologia, no MBA Executivo Internacional e no MBA de Comércio Internacional.

Além desses programas oferecidos no centro de treinamento da FIA, dei aulas em programas fechados para empresas. Entre outros no Laboratório Behringer, na Cia. Antarctica Paulista, na fábrica da Ford Motors, na Cia. Vale do Rio Doce, na Petrobrás, na Fundace e na CDHU, Visteon e muitas outras empresas.

Continuo esporadicamente participando de alguns programas da FIA-FEA-USP com as aulas de minha especialidade.

Entre os seminários para ONGs destaco o realizado para o grupo de *clowns* (palhaços), Doutores da Alegria, objetivando o seu desenvolvimento futuro.

Também destaco as aulas ministradas na Escola de Enfermagem da Faculdade de Medicina da USP, e as aulas no Programa Master Boss dos hospitais da rede São Camilo.

Participei também com o meu programa estratégico em vários eventos em universidades, promovidos pelo professor Alexander Berndt da Ad Hominis.

Quando diminuí as aulas, fortaleci meu relacionamento com o Cren e com outra instituição sem fins lucrativos voltada à defesa dos direitos humanos.

No CREN ajudo a colocar a visão do desenvolvimento para combate à desnutrição infantil.

Através da ação do Conselho formado há quase 2 anos, o qual sou coordenador, conseguimos adoções a distância das crianças, para custear as operações e promovemos eventos de divulgação que por sua vez têm gerado também alguns recursos.

Além dessas três unidades: Vila Mariana, Jacuí, Maceió, temos uma operação de atendimento ambulatorial em Jundiaí, pretendemos em 2007 iniciar obras para construção do CREN de Campinas, em terreno que nos foi doado pela família Lindenberg.

Na instituição voltada à defesa dos direitos humanos, combatemos manifestações raciais de grupos radicais especialmente contra negros e judeus, e contra todos os tipos de manifestações discriminatórias, mas também ajudamos em programas humanitários com vários projetos.

Entre eles: Campanha de Material Escolar para escolas carentes, permitindo montar bibliotecas locais, campanhas emergenciais como a desenvolvida junto aos desabrigados da Favela Capelinha pelas chuvas e enchentes em 2005, Curso de Culinária Alternativa para Associação Rainha da Paz, curso este que vem sendo ministrado há 15 anos, Campanha de Alimentos não perecíveis para atender a comunidades carentes, Programa de Acuidade Visual desde 1983 em diversas escolas. Campanha do Leite Nam, para mães soro positivas, Tarde da Amizade para idosos — realizada todos os meses, Tarde da Alegria para crianças assistidas pela Associação Rainha da Paz, tarde da Costura confeccionando roupas destinadas a instituições de caridade e ainda Brinquedoteca para o Hospital de Sapopema e no Hemocentro da Unicamp em preparação.

Em evento público com jantar beneficente no Palácio do Governo homenageamos o então governador Geraldo Alckmin pela doação do terreno e fundações para construção do CREN da Vila Jacuí e também o então presidente do BNDES Guido Mantega pelo financiamento da obra.

Em outro jantar organizado pela entidade de defesa dos direitos humanos homenageamos o ministro da Justiça Maurício Correa pela sua atuação em defesa dos direitos humanos e das minorias.

Participei em dois conselhos de gestão nos últimos anos, se bem que desisti de um deles para poder me dedicar a este livro.

O problema nesse conselho era que precisava viajar uma vez por mês para o interior onde eram realizadas as reuniões. Para chegar a Jaboticabal era preciso ir de avião até Ribeirão Preto e depois seguir de carro.

E depois de muitos anos atuando na consultoria Cigal, Kurt e eu decidimos em ano 2000 encerrar essa atividade e, com essa decisão, passamos ambos a ter mais tempo para nos dedicar às ONGs citadas ou para defesa de questões nas quais acreditamos.

Como já relatei, a idéia do Condomínio Florestal surgiu da não aceitação por parte dos empresários, da idéia de fazer um centro de estudos para treinamento de executivos.

O sonho de um condomínio ecológico e de formar uma comunidade com alto nível de relacionamento tem sido um desafio muito grande, como foi fazer as ruas, instalar toda a rede de água e esgoto e as caixas de armazenamento e suprimento de água, a rede de luz com transformadores e postes em todo o condomínio, os quiosques para churrasco, as quadras poliesportivas e as quadras de tênis e, ainda, a ponte de acesso e o asfalto, todas obras que implicaram vultosos recursos numa distância de ruas de mais de dois quilômetros.

Os aspectos negativos, no entanto, também existiram e foram principalmente dois: lidar com os órgãos do Governo Estadual, num processo burocrático desgastante e isso levou vários anos, e para a minha surpresa o segundo foi lidar com pessoas de várias origens compradoras das unidades residenciais.

Sempre acreditei na pessoa e em suas qualidades e a experiência do Florestal me demonstrou que subestimei a capacidade das pessoas criarem problemas de relacionamento humano.

Estudei e apliquei gestão de conflitos em organizações e nunca tivemos problemas de conflitos em minha família ou com meus sócios, porém senti muita dificuldade em conseguir um relacionamento harmonioso com alguns daqueles que adquiriram propriedades no Florestal.

O consolo que recebi é que os condomínios, em geral, tem esse tipo de problemas, só que eu não acreditava que aconteceria comigo. Foi assim uma fonte de dores de cabeça que tenho conseguido superar com ajuda da família, e naturalmente de muitas pessoas proprietárias que sabem usar do bom senso no relacionamento do Florestal.

Tirando esses aspectos negativos e sempre acreditando que é possível fazer acontecer, tenho tocado para frente com entusiasmo.

Com relação à G.R. como contei anteriormente, é uma empresa importadora que surgiu por acaso.

Preciso de tempo para escrever e para as minhas tantas outras atividades.

A G.R. tem sido a principal fonte de recursos nos últimos tempos, o que me permite, sem preocupações financeiras, cuidar das outras atividades não remuneradas.

Nos últimos meses fui designado como perito, dentro da nova Lei nº 11.101 de Recuperação de Empresas, para atuar em alguns casos complicados e avaliar a real capacidade de empresas de recuperar e honrar compromissos com credores.

Foi uma indicação de meu amigo Alfredo Kugelmas, advogado especialista em falências e concordatas que apresentou o meu currículo ao Juiz da

Primeira Vara de Falências e que responde pelos processos de recuperação dentro da nova lei.

Esse foi um desafio novo e motivador, que tenho abraçado com entusiasmo, em que tenho oportunidade de aplicar os conhecimentos empresariais adquiridos ao longo de minha vida. Está sendo mais uma fonte de aprendizagem e realização muito agradável e também de grande responsabilidade.

Na vida privada, Eva e eu festejamos no dia 23 de outubro de 2005 nossas Bodas de Ouro, isto é, nossos 50 anos de matrimônio, e nessa ocasião contamos com a presença de amigos e apreciamos a música *Gracias a la Vida* e dois discursos.

Os discursos são apresentados a seguir e a letra da música também.

Tivemos a presença de antigos amigos e colegas da Cigal. Contamos com professores da USP, com pessoas das ONGs onde atuamos, e com todos nossos familiares, que não são poucos hoje em dia, com os quatro filhos casados e sete netos crescendo.

Foi um dia cheio de emoção como poderão apreciar pelos discursos.

Mas além das músicas e do programa que foi muito bem organizado, o ponto alto foi o discurso do meu filho Daniel, em nome dos quatro irmãos, transcrito a seguir e, também, logo após, o meu discurso.

Discurso de Daniel Gaj

"Queridos familiares e amigos de nossos Pais:

Inicialmente, gostaríamos de agradecer a presença de todos que aqui se encontram, amigos que são importantes para nossos pais, e aqueles que vieram de longe, da Argentina e da Alemanha, para estar aqui festejando conosco.

Hoje falo em nome dos quatro filhos nesta homenagem que fazemos aos nossos pais, em comemoração aos 50 anos de casados — Bodas de Ouro.

Nós, os filhos, nos reunimos algumas vezes nestas últimas semanas e conversamos bastante sobre nossa infância, AS NOSSAS BRIGAS, sobre nossa educação e sobre nossos pais. Chegamos à conclusão de que nossos pais são para nós um grande exemplo de harmonia, com muita tolerância e respeito e acima de tudo com muito amor. Nenhum de nós jamais presenciou uma briga entre nossos pais, PELO MENOS NÃO NA NOSSA FRENTE.

Nós temos no nosso pai um grande exemplo de perseverança, um homem que com muito trabalho e dedicação sempre alcança tudo o que se propõe. Fluente em pelo menos cinco idiomas, completou mestrado e doutorado com louvor na USP, onde foi convidado a lecionar, e por lá ficou por 25 anos, dando a sua contribuição aos jovens universitários que por suas classes passaram, publicou três livros e o próximo está a caminho, plantou inúmeras árvores em Campos do Jordão e na Granja Viana, e como ele sempre diz: "SÓ COLHE QUEM PLANTA", formou quatro filhos na faculdade e tem sete netos em formação.

Dentre os conceitos para nós passados alguns são muito fortes, como, dignidade, moral, justiça e acima de tudo humildade. Desde muito jovens, já nos fez perceber a mensagem contida no livro *O homem medíocre*, de José Ingenieros e o significado de entropia negativa.

Sua procura por conhecimento através da leitura constante, sempre nos indicando e comentando algum novo livro que lê, assim como a sua sabedoria sempre nos surpreende nos diversos assuntos, estando sempre atualizado e com algo a contribuir.

Dentro de sua agenda apertada sempre encontrou lugar para dedicar parte de seu tempo às diversas entidades filantrópicas dentro e fora da comunidade judaica e deixando forte contribuição por todos os projetos e nas pessoas com as quais trabalhou.

Nossa querida mãe é muito especial. Uma das principais rezas do judaísmo chama-se Shemá Israel que significa Escuta Israel. Nossa mãe sempre nos escutou muito. Nós chegávamos em casa, na Granja Viana, em diferentes horários, e nossa mãe sempre esteve disposta a nos ouvir, como faz até hoje.

Este com certeza foi um pilar muito valioso na nossa formação, pois sempre tivemos liberdade para falar sobre qualquer assunto e sempre fomos bem recebidos para conversar.

Passo então a ler agora uma mensagem com o título *Doutoras*, que dedicamos a nossa querida mãe.

Doutoras

Certo dia, uma mulher chamada Anne foi renovar a sua carteira de motorista.

Quando lhe perguntaram qual era a sua profissão, ela hesitou. Não sabia bem como se classificar.

O funcionário insistiu: "O que eu pergunto é se tem um trabalho?"

"Claro quer tenho um trabalho", respondeu Anne. "Sou mãe."

"Nós não consideramos isso um trabalho. Vou colocar dona de casa", disse o funcionário friamente.

Uma amiga sua chamada Marta soube do ocorrido e ficou pensando a respeito por algum tempo.

Num determinado dia, ela se encontrou numa situação idêntica. A pessoa que a atendeu era uma funcionária de carreira, segura e eficiente.

O formulário parecia enorme, interminável.

A primeira pergunta foi: "Qual é a sua ocupação?"

Marta pensou um pouco e sem saber bem, respondeu: "SOU DOUTORA EM DESENVOLVIMENTO INFANTIL E EM RELAÇÕES HUMANAS".

A funcionária fez uma pausa e Marta precisou repetir pausadamente as palavras mais significativas. Depois de ter anotado tudo a jovem ousou indagar.

"Posso perguntar o que é que a senhora faz exatamente?"

Sem qualquer traço de agitação na voz, com muita calma, Marta explicou:

"Desenvolvo um programa de longo prazo, dentro e fora de casa."

Pensando na sua família, ela continuou:

"Sou responsável por uma equipe e já recebi quatro projetos. Trabalho em regime de dedicação exclusiva. O grau de exigência é de 14 horas por dias, às vezes até 24 horas."

À medida que ia descrevendo suas responsabilidades, Marta notou o crescente tom de respeito na voz da funcionária, que preencheu todo o formulário com os dados fornecidos.

Quando voltou para casa, Marta foi recebida por sua equipe: uma menina com 13 anos, outra com 7. Subindo ao andar de cima da casa, ela pôde ouvir o seu mais novo projeto, um bebê de seis meses, testando uma nova tonalidade de voz.

Feliz, Marta tomou o bebê nos braços e pensou na glória da maternidade, com suas multiplicadas responsabilidades. E horas intermináveis de dedicação.

"Mãe aonde está o meu sapato? Mãe me ajuda a fazer a lição? Mãe, o bebê não pára de chorar. Mãe você me busca na escola? Mãe você vai assistir a minha dança? Mãe você compra? Mãe..."

Sentada na cama Marta pensou: Se ela era doutora em desenvolvimento infantil e em relações humanas, o que seriam as avós?

E logo descobriu um título para elas: doutoras sênior em desenvolvimento infantil e relações humanas.

As bisavós, doutoras executivas sênior.

As tias, doutoras assistentes.

E todas as mulheres, mães, esposas, amigas e companheiras, doutoras na arte de fazer a vida melhor.

No mundo em que os títulos são importantes, em que se exige sempre maior especialização, na área profissional, torne-se especialista na arte de amar. Nossos pais criaram um ninho bastante sólido e aconchegante para onde nós, os filhos, gostamos sempre de retornar.

Nós filhos nos consideramos bastante privilegiados por termos tido a sorte de tê-los como nossos pais.

Estamos de acordo com a frase: "DAR O EXEMPLO NÃO É A MELHOR MANEIRA DE INFLUENCIAR OS OUTROS. É A ÚNICA!"

Agradecemos a nossos pais pelo grande exemplo que eles sempre nos deram.

Finalizando, quero homenagear minhas irmãs, Débora, Elizabeth e Sofia pela dedicação na organização desta linda festa.

OBRIGADO

Discurso de Luis Gaj

Obrigado à Vida.

Obrigado aos nossos queridos filhos: Débora, Elizabeth, Daniel e Sofia, nora e genros Deby, Richard, Haroldo e Dov, que organizaram esta maravilhosa festa.

Obrigado a todos que aqui vieram festejar conosco este 23 de outubro e esta comemoração de 50 anos de casados. Obrigado especialmente a Lisa e Elias, Edith e Gabriel, Isabel e Guillermo e

Graciela, que vieram da Argentina. A Carolina, que veio da Alemanha, a Ruth e Francisco, que vieram de Curitiba.

Obrigado à vida por tudo que nos tem dado a Eva e a mim: pela oportunidade que nos foi oferecida de nos conhecermos na Bolívia e de ter construído uma rede de amigos, de origem alemã, que lá moravam.

- a esse Brasil que nos deu oportunidade de trabalho e realização e de criar a nossa família.
- a meu sócio Kurt pelos 35 anos juntos com profundo entendimento.
- à oportunidade de ter tido uma equipe de consultores aqui presentes.
- à oportunidade de ter tido um mestre e amigo como Stefan Blas.
- à oportunidade que me foi oferecida especialmente pelos professores Adalberto Fiszman e Izak Kruglianskas de estudar e lecionar na USP durante 25 anos.
- à oportunidade de atuar na equipe do Honorável Presidente da B'Nai B'Rith Abraham Goldstein.
- à oportunidade de trabalhar em prol de crianças pobres desnutridas no CREN — Centro de Recuperação e Educação Nutricional, que no dia 10 de novembro de 2005 inaugura um novo centro na Zona Leste de São Paulo, com jantar no Palácio do Governo onde oferecemos uma homenagem ao presidente do BNDES, Guido Mantega, e ao governador de São Paulo, Geraldo Alckmin.
- obrigado à vida também e muito especialmente pelos sete netos que são uma imensa alegria para Eva e para mim.
- obrigado à vida por estes 50 anos de casados, em harmonia e paz, sempre com amor renovado e que esperamos que sirva de exemplo para nossos filhos e netos.

Gracias a la Vida por tudo que foi oferecido a nós dois.

OBRIGADO EM NOME DE EVA E LUIS!

Voltando, novamente, os olhos a nossa querida América Latina e em especial ao Brasil e Argentina, sentimos que tanto o caminho do desenvolvimento como o da integração, estão ambos sofrendo percalços com conseqüências difíceis de predizer.

Existe a Comunidade Andina das Nações (CAN), o Mercosul e a Comunidade de Nações Sul-Americanas (Aladi). No entanto, em todos os casos existem contradições, rivalidades e enfoques diferenciados que provocam confrontações entre as nações.

A Venezuela anunciou a sua intenção de deixar a CAN por discordar do Peru e da Colômbia que têm a intenção de assinar um tratado de livre comércio com os Estados Unidos. Por sua vez Venezuela com Bolívia e Cuba formam um novo acordo político e econômico de integração 'bolivariano'.

Com a eleição de Alan Garcia para presidência do Peru, Venezuela e Peru rompem relações diplomáticas, uma vez que Hugo Chaves tinha apoiado abertamente Ollanta Humala, opositor de Garcia nas eleições.

Por sua parte, Equador e Chile mantêm desde já um tratado de livre comércio com os Estados Unidos (FTA).

Com relação ao Mercosul, que já tem 15 anos desde a sua implantação, também existem dissidências entre seus membros. Argentina e Uruguai divergem sobre a implantação de duas plantas de celulose que estão sendo construídas no rio que faz fronteira entre Uruguai e Argentina. Trata-se de uma disputa ambiental que foi levada ao tribunal de Hague, que votou favoravelmente ao Uruguai.

Mesmo assim e sem resolver a disputa entre os dois países do Mercosul, os presidentes do Mercosul — Paraguai, Uruguai, Argentina e Brasil — assinaram um acordo permitindo o ingresso da Venezuela no bloco.

Existe também discrepância sobre o país latino-americano que irá possuir uma cadeira não permanente no Conselho de Segurança das Nações Unidas. Esse cargo era ocupado pela Argentina e existe uma disputa entre Guatemala e Venezuela. Enquanto Estados Unidos, México e países da América Central apóiam Guatemala, o Brasil apóia a Venezuela. Assim, quando ocorrer a votação, a América Latina estará dividida.

A Venezuela também tem tomado posição nas eleições a serem realizadas no México, dando apoio a Lopez Obrador em oposição a Felipe Calderon que representa o partido do governo atual.

Como Felipe Calderon venceu por estreita margem de votos, as relações com Hugo Chaves seguramente não serão cordiais.

Também Hugo Chaves apoiou Daniel Ortega na Nicarágua, de forma aberta.

Por sua parte a Organização dos Estados Americanos não tem tido força para impedir essas intervenções de um país no outro. As eleições democráticas não deveriam sofrer intervenção de outros países.

Por isso também tem surgido com força o conceito de que democracia é muito mais do que eleições livres. Muitos ditadores têm sido eleitos por maiorias insatisfeitas escolhendo mal seus dirigentes. Democracia significa sociedades fortes com liberdade de expressão, instituições fortes, economias solidificadas.

A falta de integração na América Latina propicia inquietação social.

Somente mediante programas educacionais, investimentos, oferta ampla de empregos permitirá desenvolver a América Latina. Um dos caminhos seria através da integração da região, o que está comprometido.

A pobreza da América Latina exige a união, e as desavenças contribuem para atrasar o desenvolvimento. Nessas circunstâncias o combate à pobreza ficará mais dependente de esforços individuais de entidades mobilizadas da sociedade.

Sobre Argentina e Brasil, nesses últimos anos, a história dirá, porém, uma constatação nada agradável é que na região permanece elevado o grau de exclusão e desigualdade social.

Apesar dos governos chamados de esquerda, o desemprego continua sendo um flagelo que aumenta a violência especialmente nas grandes cidades, porém também em todo o território dos países.

Vimos que nos últimos 70 anos nossos dois países passaram por experiências dolorosas e por regimes não muito ortodoxos.

Militares e políticos se revezaram no poder com escândalos éticos e com ditaduras.

Assim as experiências democráticas se mostraram ineficazes porque não existe democracia verdadeira sem respeito aos direitos humanos, ao passo que não existem direitos humanos que sejam respeitados fora do regime democrático.

Os três maiores problemas que enfrentam nossos países são o desemprego, a pobreza e a criminalidade e, como conseqüência, a desnutrição infantil.

A história é marcada por dois períodos: o dos regimes ditatoriais e o de transição política para regimes democráticos.

O fato de nos encontrarmos em regimes democráticos sinaliza um certo avanço, porém, se o comportamento dos políticos não for condizente com as expectativas populares, teremos problemas no futuro.

A professora doutora Flávia Piovesan, da PUC-SP e especialista em Direito Constitucional e Direitos Humanos nos explica que existem duas etapas para a democratização, sendo a primeira uma de transição e a segunda uma de consolidação do regime. Ela afirma que a segunda etapa ainda está em curso, não efetivada totalmente.

Isso significa que existem dois desafios: romper definitivamente com o legado da cultura autoritária ditatorial e consolidar o regime democrático, com pleno respeito aos direitos humanos, como políticos, civis, econômicos, sociais e culturais. Os direitos humanos têm de ser considerados em sua integridade.

Provavelmente, mais importante do que falar em democracia, que deveria ser o governo do povo, quando na realidade é governo dos militares ou dos políticos, deveria ser encarada a realidade longe dos palácios de governo, que é de muita miséria e desigualdades sociais enormes.

Na Declaração de Direitos Humanos de 1993 em Viena se estabeleceu que existe uma relação íntima entre democracia, direitos humanos e desenvolvimento.

Exige-se eliminar os problemas da exclusão e desigualdade social, que compromete a existência de direitos humanos em nossos dois países.

Enquanto perdurarem e até se agravarem os problemas da falta de plenos direitos humanos haverá instabilidade no próprio regime democrático.

Como mensagem de otimismo e de ação importante para atuarmos buscando melhorar o mundo que nos rodeia gostaria de citar uma história contada sobre o poeta, dramaturgo, crítico, romancista e cientista alemão, Johann Wolfgang Von Goethe, autor do famoso *Fausto*.

Certa vez um discípulo o encara e comenta: "Meu professor; a vida passa rápido: temos um minuto para nascer, logo depois um minuto para crescer, quando percebemos somos adultos, num minuto casamos, temos filhos, num minuto ficamos velhos e logo depois sobrevém a morte", ao que Goethe respondeu: "60 minutos tem a hora, o dia mais de um milhar, filho aprende sem demora, quanta coisa se pode criar".

Cenário Social, Político e Econômico da América Latina, com Destaque ao Brasil e Argentina

Estamos assistindo a um profundo progresso na capacidade científica, tecnológica e produtiva da humanidade, incluindo a América Latina.

Setores como o de telecomunicações, microeletrônica, nanotecnologia, robótica, informática e biotecnologia tiveram grande desenvolvimento.

Com essas mudanças aumentou também a capacidade de produzir bens e serviços.

Simultaneamente, existe uma mudança significativa nas expectativas com o surgimento de regimes democráticos com características sociais.

Reivindica-se uma maior participação da sociedade civil e surgem novas organizações, muitas ONGs e um novo papel mais ativo das universidades nas comunidades para suprir necessidades latentes.

Apesar desses desenvolvimentos tecnológicos recentes e do imenso potencial produtivo, e dos novos regimes políticos surgidos, não está havendo, na medida adequada, a necessária transformação e melhoria das condições de vida de amplos setores das populações.

De acordo com o Banco Mundial, 1,3 bilhão de habitantes do planeta recebe renda inferior a um dólar por dia, encontrando-se abaixo da linha da pobreza.

Dois quintos da população mundial não dispõem de serviços de saneamento básico e de eletricidade.

Relatório do Programa das Nações Unidas para o Desenvolvimento (PNUD) aponta:

- Aumento acentuado do número de pobres que virá diminuir a sua renda.
- Entre 1965 e 1980 essa situação afetou 200 milhões de pobres.
- Entre 1980 e 1995 a situação afetou um bilhão de pobres.
- 800 milhões não recebem alimento suficiente.
- 500 milhões estão em estado crítico de desnutrição.
- 17 milhões morrem por ano por causa de infecções e doenças parasitárias curáveis, como diarréia, malária e tuberculose.

Os dados relativos a emprego, base das dificuldades sociais indicam aumento do desemprego, com níveis elevados e degradação da qualidade dos empregos existentes.

Dados da OIT mostram que 30% de toda a mão-de-obra do mundo se encontra desempregada ou subempregada.

A chamada economia informal cresce devido ao desemprego. Na América Latina o emprego no setor informal representava 40,2% da mão-de-obra não agrícola em 1980. Em 1995, esse percentual subira para 55,7% da referida mão-de-obra.

Em 2005, enquanto o PIB no Brasil crescia numa faixa modesta de 2,5%, o argentino crescia quase 9%. Em países em desenvolvimento a média tem sido de 6%, segundo dados do Cepal, e o crescimento de 2006 na América Latina como um todo foi de 4,6%.

No ano de 2006 a Argentina e a Venezuela terão crescimentos superiores aos de outros países da região, da ordem de 6%, o que significa que os outros países, entre eles o Brasil, estão tendo em 2006 crescimento de 2,3%.

Por sua vez a taxa de desemprego tem caído de 1999, quando estava em 11% para perto de 9% em 2005.

Entre 2004 e 2005 houve em geral na América Latina uma apreciação das moedas. Na Argentina essa apreciação foi de 5%, enquanto no Brasil o Real teve uma valorização de 23% em relação ao dólar, sendo a maior valorização no continente.

Segundo José Luis Machinea, secretário executivo da Comissão Econômica para América Latina e o Caribe (Cepal), é preciso melhorar a produtividade na América Latina, e para isso sugere: manter tipos de câmbio competitivos, diversificar e agregar valor às exportações e aumentar investimentos, especialmente em infra-estrutura, por parte do setor público e privado.

Num balanço preliminar das economias da América Latina publicado pela Cepal, constatamos que:

- Na Argentina, o nível de desemprego urbano que era de 17% em 2003 caiu para 11,6% em 2005 e, no Brasil, que era de 12,3% em 2003 caiu para 9,9% em 2005.

Esses índices estatísticos apresentam uma melhora, se bem que insuficiente para reduzir os enormes bolsões de pobreza, que existem tanto nas áreas urbanas, com as suas famosas 'villas misérias' ou favelas, como na área rural, muitas vezes com condições insatisfatórias de trabalho e de vida.

Mulheres e crianças sofrem mais e são especialmente discriminadas, entre os pobres, os desempregados e os subempregados.

É grande o número de crianças vivendo nas ruas nas grandes cidades e as crianças pobres constituem o alvo preferido dos narcotraficantes.

Segundo dados da Cepal e Unicef de 2005, 16% das crianças pequenas da América Latina sofrem de desnutrição crônica.

A taxa de mortalidade infantil teve uma melhora importante se compararmos ao período de 1990/1995 com o período 2000/2005.

Na Argentina, a mortalidade infantil caiu de 25 por mil para 15 por mil enquanto no Brasil caiu de 43 por mil para 27 por mil, sendo que a maior concentração se encontra na região Nordeste.

Enquanto isso, no Chile é de 8 por mil, na Costa Rica de 11 por mil, em Cuba de 6 por mil e no Uruguai de 13 por mil. Por meio desses dados podemos apreciar que ainda existe um fértil campo para atuação de melhora dos índices no Brasil e na Argentina.

As tensões sociais que decorrem pelo desemprego, pela exclusão social e pela pobreza constituem um campo favorável para o enfraquecimento do tecido social, como a desintegração da família e o aumento da criminalidade.

A revista *The Economist* indica que todas as cidades da América Latina são hoje mais inseguras do que há dez anos.

Como vimos anteriormente, nas últimas décadas se criou uma idéia de que o fator econômico e o crescimento do PIB de uma nação refletiriam, num futuro, na melhora das condições de vida de sua população. Até isso acontecer, seria necessária uma certa dose de sacrifício até atingir o crescimento econômico desejado.

Havendo crescimento econômico, ele finalmente se "derramará", ou espalhará, para o conjunto da população e chegará aos setores mais pobres, arrancando-os de sua situação de pobreza. Para se obter este cenário feliz seria necessária uma espera difícil.

No entanto, a realidade e os fatos vêm demonstrando que não correspondem às suposições do modelo. Um país pode atingir estabilidade econômica e aumentar o PIB sem que isso obrigatoriamente atinja os menos favorecidos. O Banco Mundial, num dos seus relatórios anuais, afirma: "Melhorar a distribuição de renda e reduzir a pobreza não pode ser uma tarefa entregue ao efeito do crescimento".

Mesmo sendo o crescimento econômico uma variável importante do desenvolvimento, não é suficiente para reduzir a pobreza e a desigualdade social. Nessas condições é preciso buscar novas soluções para os graves problemas sociais que afligem toda a América Latina, em particular Brasil e Argentina.

Estratégias para Melhoria da Qualidade de Vida

Como vimos, pensar que resolver o problema econômico somente resolve o problema da qualidade de vida, é uma inverdade. O problema econômico é primordial para o desenvolvimento de um país, a situação é muito mais complexa quando se pensa em termos de qualidade de vida das populações e quando se pensa nos problemas gerados pela pobreza.

As estratégias para melhoria da qualidade de vida não significam igualdade na distribuição da renda. O fenômeno da renda no modelo ocidental econômico em que estamos inseridos depende de esforços individuais e de destaques pessoais e individuais impossíveis de eliminar.

Porém, uma melhor distribuição da renda, de benefícios sociais e de políticas públicas sociais pode ser atingida sem maiores sacrifícios.

Os povos da América Latina, em especial do Brasil e da Argentina, estão satisfeitos com os regimes democráticos instalados, mas insatisfeitos com o desempenho atingido e com os resultados.

Somente países como Costa Rica e Uruguai têm atingido elevado nível de satisfação com os resultados obtidos, e nesse caminho também está o Chile.

Se essa hipótese é uma verdade, necessário se faz refletir sobre os modelos sendo utilizados para o desenvolvimento da região e sobre novas formas possíveis a implementar.

Assim como é importante o capital econômico também o é o capital representado pelos ativos que um país desenvolve em termo de recursos naturais e sua manutenção, assim como recursos humanos e capital social.

Para tanto é importante investir no capital humano, que significa educação, saúde e nutrição, e também no saneamento básico e água, formação profissional, emprego, inclusão social e fortalecimento da rede social.

Assim como nas empresas aprender mais rápido que o seu competidor é a única vantagem competitiva sustentável, no país, o conhecimento tornou-se a única fonte de vantagens competitivas relativas sustentáveis de longo prazo.

Outra abordagem igualmente importante se refere ao papel do Estado, que é muitas vezes avaliado como ineficiente, corrupto e burocrático. Dessa forma o seu papel torna-se ilegítimo.

Muitas vezes também ocorre realmente de termos Estados que defendem os seus interesses corporativos acima dos da sociedade ou que procuram resolver os problemas com atitude assistencialista, no entanto o papel do Estado é fundamental para melhoria das condições de vida.

No caso do Brasil, o programa Fome Zero tenta resolver dessa forma, porém, mantém condições de analfabetismo e desemprego.

Em outras ocasiões o programa de fornecer moradia para as camadas mais pobres, através da Companhia de Desenvolvimento Habitacional Urbano (CDHU), erradica os mais necessitados das favelas e lhes oferece casas recém-construídas com condições altamente favoráveis de pagamento e baixas prestações, porém, a maioria dos beneficiados, pouco tempo depois e sem emprego e impossibilitados de pagar o mínimo exigido, termina por vender a casa e volta a morar na favela.

A ação na Saúde é outro grande setor deficitário do Estado exigindo reformulação radical. Foi nomeado para administrar a saúde, como ministro, um deputado que uns anos atrás tomou um empréstimo de um banco estatal e deu como garantias fazendas inexistentes. Deixou de pagar o empréstimo de 18 milhões de reais e quando acionadas as fazendas dadas em garantia constatou-se a fraude.

Por todos esses motivos e tantos outros, justifica-se a atitude desmoralizadora do papel do Estado.

No entanto, para que a sociedade como um todo melhore a sua condição, devemos resgatar o papel de cada ator e, sem dúvida, o papel do Estado é muito importante e precisa ser dignificado para poder cumpri-lo.

O Estado não pode resolver todos os problemas, porém a sua minimização os agravou. A idéia fundamental manifestada pelo Banco Mundial é que sem um Estado eficiente o desenvolvimento não é viável. Por isso a idéia de que tudo que faz o Estado é ineficiente, é um modelo que representa a experiência dos economistas que nunca tiveram de gerenciar nada, segundo a opinião do estrategista Henry Mintzberg.

É importante hoje reconhecer a importância das políticas públicas e o exemplo mais contundente vem dos países da Europa e da Ásia. O desenvolvimento educacional da Coréia é um modelo de desenvolvimento com base na elevação do nível cultural e educacional, a ser seguido por outros países em desenvolvimento.

No caso da Europa Ocidental conseguiram construir um sistema de assistência à saúde e educação públicas nunca visto antes.

No caso do Japão o governo interveio com liderança governamental na transformação da economia injetando 100 bilhões de dólares para ativá-la num momento de desaquecimento.

Para desmentir a mistificação do Estado 'deslegítimo', as ações devem ser coordenadas em conjunto com a sociedade.

Algumas das sociedades da América Latina com melhores índices de eqüidade conseguiram significativas melhorias com Estados bem organizados. Os exemplos da Costa Rica, do Uruguai e do Chile obtiveram esse resultado erradicando a corrupção e melhorando a eficiência do Estado.

Várias correntes têm se manifestado sobre caminhos de solução para os problemas regionais. Entre eles, podemos citar o economista Jeffrey Sachs que preconiza a erradicação da miséria no mundo com aportes dos países ricos durante os próximos 20 anos num montante de pelo menos 150 bilhões de dólares por ano. Ele afirma que esta importância sendo bem aplicada, e eliminando a corrupção e supervisionando a aplicação dos recursos, poderá significar a erradicação da miséria.

Ele afirma ainda que as forças do mercado não serão suficientes para sustentar o desenvolvimento se não houver por parte dos governos investimento em áreas críticas como educação e saúde. Também afirma que embora o capitalismo tenha promovido o desenvolvimento econômico, não conseguiu eliminar a pobreza, que já tinha as suas raízes até muito antes, desde os tempos antigos e que desde o início da Revolução Industrial o mundo começou a se preocupar em como erradicá-la.

Outra visão, e sem levar em consideração auxílio externo por parte dos países ricos, consiste em primeiro lugar em formar capital humano, ou seja, investir sistemática e continuamente em áreas como educação, saúde e nutrição.

Do conhecimento depende, em grande medida, o progresso da humanidade e sem dúvida é uma das armas mais poderosas de que dispomos para forjar o futuro.

No entanto, uma característica do enfoque social e do capital humano é que ele é um bem público, enquanto o capital convencional é um bem privado. Por esse motivo tende a ser subvalorizado e subadministrado pelos agentes privados, o que não significa que não tenha tido progresso na participação desses agentes.

Nos últimos anos cresce a responsabilidade social do setor privado, que participa ativamente na construção de uma sociedade mais justa, e colabora com iniciativas que melhorem as condições de vida. No entanto, não têm sido suficientes para contribuir de forma substancial para a formação do capital humano.

A Cepal realizou um estudo em 1999 e 2000 publicado em Santiago do Chile, em que destaca algumas recomendações importantes para os governantes dos países da América Latina:

- Restaurar o pleno emprego e aumentar as oportunidades como importante prioridade da política econômica.
- Eliminar os preconceitos contra os pobres no âmbito macroeconômico.
- Zelar pelo acesso das pessoas pobres a recursos produtivos incluindo o crédito.
- Investir na capacidade das pessoas pobres, reestruturando o gasto público e a tributação.
- Aumentar a produtividade da agricultura em pequena escala.
- Promover a microempresa e o setor não estruturado.
- Promover a industrialização com densidade de mão de obra para aumentar as oportunidades de emprego.

... E eu acrescento:

- Investir em infra-estrutura para garantir saneamento básico e fornecimento de água potável para as populações carentes.
- Investir em educação e cultura desenvolvendo o capital humano necessário para o desenvolvimento econômico.
- Reduzir a carga tributária, reduzindo a corrupção e a sonegação de impostos.
- Promover o Estado eficiente e cumpridor de suas obrigações em fornecer serviços públicos para todos.
- Reduzir a carga de juros que o País paga a credores internacionais mediante negociação e ação política coordenada, e aplicar os recursos

no desenvolvimento e na criação de empregos para os jovens que estão ingressando no mercado de trabalho.

- Combater a idéia do 'derrame' e provocar simultaneamente o desenvolvimento socioeconômico e a qualidade de vida como prioridade e meta principal.
- Cuidar do patrimônio ambiental representado pelos recursos naturais.
- Evitar ou limitar a ação dos lobistas que defendem interesses setoriais em detrimento de maiores interesses nacionais.
- Formar parcerias na forma de redes entre os agentes intervenientes para solução dos graves problemas sociais.

EPÍLOGO

A família vai bem, obrigado, porém nem tudo é cor-de-rosa. A minha mãe Sofia faleceu primeiro, em 1970, aos 72 anos, e meu pai Maurício, em 1999 aqui no Brasil, onde viveu comigo e Eva seus últimos anos, com 101 anos de idade.

Meu irmão Elias tem quatro filhos: Eugenia, Edith, Graciela e Guillermo. Elias e sua família continuam vivendo em Buenos Aires. Ele e Lisa sofreram o impacto da crise que abalou a classe média argentina nos anos de 1999 até 2002, e terminaram liquidando a atividade comercial em que estavam inseridos. Os filhos deles estão bem, todos trabalham. Elias e Lisa também têm sete netos.

Como os netos já estão grandes, muito provavelmente logo serão bisavôs.

No Brasil, nossa família perdeu toda uma geração composta dos pais e tios de Eva, e nós temos também quatro filhos e sete netos como meu irmão Elias.

Nosso primeiro neto, George, filho da Débora e do Haroldo é um menino que quando pequeno tomou uma vacina que provocou reação ficando, assim, um menino especial, que requer cuidados. Os outros seis netos são saudáveis sendo dois da Betty e Richard, dois do Daniel e Deby, e dois de Sofia e Dov.

Apesar da Eva ter saído da Alemanha pequena devido às perseguições do regime nazista, eu não passei por nenhuma guerra, e me considero afortunado por isso.

No entanto, como vimos, a América Latina permanece com sérios problemas sociais e de desenvolvimento. O mesmo ocorre em alguns países árabes como Irã, Iraque e Síria.

A ação dos Estados Unidos no Iraque provocou a revolta de muitos países não alinhados e entre eles estão Cuba e Venezuela, nosso País vizinho. Por outro lado, os Estados Unidos têm sido fiéis aliados de Israel e esta animosidade com os Estados Unidos também se reflete para com Israel.

Por outro lado, palestinos e israelis têm manifestado hostilidade entre si e não encontram formas de convivência, o que tem ocasionado conflitos como a invasão do Líbano provocada pelas ações de terror iniciadas pelo Hezbollah e pelo Hamas. A morte de inocentes de ambos os lados, amplamente noticiada pela mídia, levou o conflito além das fronteiras do Oriente Médio e movimentos raciais e anti-semitas têm encontrado espaço para se manifestar livremente no âmbito dos países da América Latina, sem que isso provoque o efeito de uma reação à altura dos acontecimentos.

Temos ouvido discursos inflamados de ódio por parte de dirigentes da Síria e do Irã, como também da Venezuela.

Tememos que essa retórica que já ouvimos em outras épocas, especialmente durante a Segunda Guerra Mundial e nesse período de 1931 até 2006, possa levar a conflitos maiores, principalmente quando observamos que até as simples declarações do Papa Bento XVI provocam reações inusitadas por parte de radicais muçulmanos ao redor do mundo.

Preocupa, sim, a indiferença com que os não atingidos diretamente reagem frente a manifestações de ódio.

O Brasil possui uma história e uma Constituição, que defende a promoção do bem de todos, sem preconceitos de origem, raça, sexo, cor, idade e quaisquer outras formas de discriminação.

Mesmo assim temos manifestações como o Boletim nº 26 do SINDUSP, o caso Ellwanger editando material anti-semita e o artigo da revista *Carta Capital* de 06.09.2006, em artigo "O Líbano é aqui" de cunho também racista.

Cada uma dessas ações tem provocado reações à altura, porém, sentimos também a apatia dos não atingidos, a indiferença daqueles que não desejam se envolver, permitem em nome da livre expressão democrática que se pratiquem atos de intolerância contrários à Constituição.

O professor Celso Lafer escreve em 17.09.2006 no Jornal *O Estado de S. Paulo* que:

"o preâmbulo da Constituição considera como valores supremos do nosso País a concepção de uma sociedade fraterna, pluralista e sem preconceitos, comprometida, na ordem interna e internacional, com a solução pacífica de controvérsias".

Isso não significa que devemos ficar calados ante a injustiça e a discriminação. Os direitos humanos devem ser respeitados em quaisquer circunstâncias, e nossa família deve, como esperamos que muitas o façam, ficar atenta e mobilizada para construir um mundo melhor.

Vários aspectos de minha vida foram abordados neste livro. Um é a história de minha geração e de minha família, outro é a minha experiência como consultor, professor e, por fim, também empreendedor, e uma terceira e muito importante, a meu ver, é uma análise da Argentina e do Brasil de 1931 a 2007, de troca de regimes militares e de regimes pseudo-democráticos num período de transição para a democracia plena.

Nossa esperança está na juventude que está concluindo a universidade. Essa juventude em que acredito fortemente e que fará o Brasil do amanhã, com valores, com vontade política, com espírito empreendedor e com garra para enfrentar os desafios de um mundo polarizado e contestador, demagógico e crítico, competitivo e agressivo, onde é preciso escolher o caminho a seguir.

Com fé no futuro, todos lutaremos por um mundo melhor, sem excluídos, sem discriminados, todos irmanados e tolerantes com a diversidade.

E mais para frente, caberá aos meus netos, já crescidos, dar continuidade a essa obra.

Nossa família vai bem, obrigado. Agradeço à vida por ter me oferecido tantas alegrias e por isso a canção *Gracias a la vida* está presente nos Anexos deste livro. Escrita por Violeta Parra, expressa um pouco de meus sentimentos até este momento.

Homenagem ao Governador no Palácio do Governo em 2004 pela doação do terreno para construção do CREN da Vila Jacuí.

Anexo 1

Carta Aberta aos Presidentes dos Países da América Latina

sta carta foi por mim apresentada no Congresso da Sociedade Latino-Americana de Estratégia, realizado em maio de 2005 na cidade de Santa Cruz de la Sierra, na Bolívia.

Senhor Presidente de um país latino-americano

Em nome da Sociedade Latino Americana de Estratégia, estamos nos dirigindo a V.S. com o firme intuito de colaborar com as nossas sugestões estratégicas para o desenvolvimento do seu país.

Nossa entidade reúne 1.500 profissionais no campo da ESTRATÉGIA dos diversos países da região e está realizando o seu 18º Congresso na cidade de Santa Cruz, na Bolívia, onde durante quatro dias são debatidos os principais temas ligados à iniciativa privada, à área pública e às ONGs, no sentido de aprimorar pesquisa e ação na condução de atividades que possam vir a contribuir para a melhora de vida das populações carentes dos países da região.

Sabemos e apreciamos os esforços que V.S. tem realizado e humildemente nos posicionamos a sua disposição desejando contribuir com as nossas idéias a seguir:

Uma postura econômica que tem prevalecido na região é a de que crescimento econômico precede crescimento social. Discordamos plenamente. Crescimento social é um fator fundamental para o crescimento econômico e acreditamos que ambos devem ser simultâneos. Tem se preconizado que é preciso sofrer durante alguns anos para depois usufruir as vantagens do desenvolvimento. Os povos de nossa região já têm sofrido demais e por muitos anos, para continuar esperando por um futuro melhor.

O Futuro é Agora

Para tornar possível esta postura nossas recomendações estratégicas são:

- Priorizar EDUCAÇÃO E CULTURA, destinando recursos suficientes para que estas áreas sejam características do seu governo. Enquanto alguns países destinam 10% do PIB para esta área, outros ficam em minguados 3% a 4%, o que torna medíocres os planos e a educação.
- Priorizar SAÚDE, atendendo à demanda da população e oferecendo serviços desburocratizados e sociais de nível adequado, eliminando filas e provendo dos recursos para atendimento rápido e eficiente.
- Combater a corrupção, estimular atividade econômica com juros baixos, reduzir impostos e evitar a sonegação por todos os meios disponíveis.
- Estimular atividade econômica, em todos os setores, na microempresa e na informalidade, gerando empregos, especialmente para os jovens que chegam ao mercado de trabalho todos os anos.
- Manter investimentos destinados ao desenvolvimento e reduzir despesas correntes produto de ineficiências da máquina do Estado.
- Estimular hortas familiares e o pequeno agricultor orientando-o para uma atividade eficiente e produtiva.
- Fornecer infra-estrutura através dos Estados e municípios, para que a população de baixa renda possa ocupar espaços e construir moradias populares.
- Fornecer saneamento básico e água potável para todos, como um direito natural à vida.
- Fornecer através da rede pública e da iniciativa privada, cursos profissionalizantes, permitindo a inclusão social.
- Formar parcerias entre os setores público e privado, e muito especialmente estar atento às carências das populações mais necessitadas.
- Combater a pobreza com planos de redistribuição de renda, favorecendo os marginalizados e desamparados.

- Reformular constantemente a máquina do Estado para torná-lo um Estado modelo em eficiência e desburocratizado.
- Apoiar as ações do Estado nas organizações comunitárias criadas para resolver os graves problemas que afligem a população e muito especialmente a pobreza e a desnutrição, utilizando todas as medidas anteriormente citadas.
- Para implementar todas estas medidas concomitantemente com crescimento econômico, mobilizar as forças da sociedade, evitando as influências de lobistas estabelecidos que lutem na defesa de interesses setoriais sem levar em conta os maiores interesses de seu país.

Estas são as estratégias propostas na reunião que concluímos na Bolívia e ficamos gratos pela atenção que V.S. tem demonstrado para com a nossa entidade tomando ciência do conteúdo desta.

Cordiais saudações
Presidente Fundador da Slade
LUIS GAJ

Uma das muitas equipes que participaram do programa de Administração Estratégica. Neste caso, 1992 – Banco do Brasil – Brasília com a dedicatória: *Ao Mestre Luis Gaj dos seus admiradores do Banco do Brasil.*

Anexo 2

Letra da música "Gracias a La Vida"

Violeta Parra

Gracias a la vida, que me ha dado tanto:
Me dió dos luceros que cuando los abro,
Perfecto distingo lo negro del blanco
Y en el alto cielo su fondo estrellado
Y en las multitudes el hombre que yo amo.

Gracias a la vida que me ha dado tanto:
Me ha dado el oído, que en todo su ancho
Graba noche y dia; grilhos y canarios,
Martillos, turbinas, ladridos, chubascos
Y la voz tan tierna de mi bien amado.

Gracias a la vida, que me ha dado tanto:
Me ha dado el sonido y el abecedario,
Com él las palabras que pienso y declaro:
Madre, amigo, hermano y luz alumbrando,
La ruta del alma del que estoy amando.
Gracias a la vida, que me ha dado tanto.
Me ha dado la marcha de mis piés cansados;
Com ellos anduve ciudades y charcos,
Playas y desiertos, montañas y llanos,
Y en la casa tuya, tu calle y tu patio.

Gracias a la vida que me ha dado tanto:
Me dió el corazón que agita su marco
Cuando miro el fruto del cerebro humano,
Cuando miro el bueno tan lejos del malo,
Cuando miro el fondo de tus ojos claros.

Gracias a la vida, que me ha dado tanto:
Me ha dado la risa y me ha dado el llanto;
Así yo distingo dicha de quebranto,
Los dos materiales que forman mi canto
Y el canto de ustedes, que es el mismo canto,
y el canto de todos que es mi propio canto
Gracias a la vida...

HOMENAGENS

Gostaria de prestar uma homenagem especial a todos aqueles que permitiram que este livro fosse escrito. Seus nomes são mencionados em alguma parte desta obra. A relação é feita em ordem alfabética e minha homenagem é porque eles fizeram parte da história desde a década de 1930 até hoje.

Peço desculpas, caso tenha omitido alguém, não foi intencional.

Abraham Dieszel
Abraham Goldstein
Adalberto Fiszman
Adelino Martins Costa
Ademar Fumagali
Aldo Franco
Alexander Berndt
Alexandre Lupo
Alfredo Kugelmans
Amador Aguiar
Ana Lydia Sawaya
Antonio Kunigelis
Ary Plonsky
Beatriz Lewin
Bernardo e Juana
Celso Lafer
Charles Chaplin
Cily Sidi
Daniel Gaj

David Reeves
Debora Groisman Gaj
Deborah Gaj Mehlberg
Dieter Schmidt
Dolly Blas
Dov Smaletz
Edda Bergman
Eduardo Kastika
Egon Pisek
Elias Gaj
Elizabeth Gaj Romano
Elvio Lupo
Elvio Lupo Fo
Enrique Wendriner
Erich Stapf
Ernesto e Awiwa
Ernesto Laband
Esther Lenhard
Eva Wendriner

Fayga Ostrower
Federico Jacob
Fedor Weinchenk
Fernando Elimeleck
Gabriel Gaj
George Wendriner
Geraldo E.S. da Silva
Gileno Marcelino
Gisela Solymos
Giuseppe Michelino
Guert Manase
Guilherme Quintanilha de Almeida
Gunter Frei
Hans Ostrower
Haroldo Mehlberg
Herbert Jonas
Horácio Cherkassky
Horst Peiser
Igor Ansoff
Inês e Roberto
Irmãos Dreyfus
Izak Kuglianskas
Jack Sporn
Jaime Wietzerbin
Jakob Lafer
João Mancini
Jonny Schwartz
Jorge Gaj Melhberg
Jorge Hermida
Jorge Lanata
Jorge Schwartzstein
José Ermírio de Moraes Neto
José Francisco Saporito
José Maria Cosentino
José Mindlin
José Tcherkassky

Judith e Werner
Julia Gaj
Knut Schendel
Kurt Lenhard
Lázaro de Melo Brandão
Leopoldo de Oliveira
Ligia de Stefani
Luba Klabin
Luiz Mayer
Manfred Wiener
Marcelo Gutglas
Maria Claudia Schmidt
Maria Luiza Soares
Marilia Richieri
Mario Haberfeld
Martin Bielski
Mary Schneck
Menases Gaj
Menashe Fridman
Milton Mira de Assumpção Filho
Miriam
Nilo de Stefani
Otto Heller
Paulo Lombardi
Rafael Gaj Smaletz
Ralph Rosemberg
Raul Schmidt
Ricardo Lupo
Ricardo Semler
Roberto Faldini
Roberto Haberfeld
Roberto Klabin
Roberto Serra
Ruben Rico
Rudi Wagner
Ruth Laband

Ruth Stolzman Weiss
Ruy Aguiar da Silva Leme
Saad Romano
Salo Loebman
Samuel Klabin
Sérgio Haberfeld
Sérgio Mindlin
Sofia Gaj Smaletz
Stefan Blas

Stefani Romano
Suzan Semler
Tatiana Smaletz
Victoria Romano
Wally Wendriner
Werner Guttentag
Willi
Wilton Lupo

Homenageio também a todos os colegas da USP, da SLADE, do IEA da USP, da FIA-USP, da B'nai B'rith e do Conselho da Salus, das empresas Privilege e da G.R.

Sobre o Autor

LUIS GAJ é Administrador de Empresas pela PUC-SP. Mestre e Doutor em Administração de Empresas pela FEA-USP. É Fundador e Diretor do Instituto Gallen e atua também como Professor de Consultoria das Organizações, Administração Estratégica e Gestão do Processo Sucessório; Professor do MBA Executivo Internacional, FIA-FEA-USP; Professor do MBA Administração FIA-FUNDACE- USP- R.P.; Professor do Programa de Capacitação Gerencial ,FIA-FEA-USP; Professor do MBA Tecnologia, FIA-FEA-USP; Professor do MBA de Projetos FIA-FEA-USP; Professor do MBA de Comércio Internacional FIA-FEA-USP; e Professor do Programa Máster Boss da Organização Hospitalar São Camilo

Founder Member da Strategic Management Society e palestrante de suas "Annual Conferences"

Presidente Fundador da SLADE- Sociedade Latino Americana de Estratégia.

Membro do grupo de Estudos do Futuro da FIA-FEA-USP, com trabalhos de consultoria entre outras nas seguintes empresas: Café Mellita, Grupo Antarctica e Papéis Santa Terezinha – Grupo Santher.

Membro do grupo de Trabalho sobre Nutrição e Pobreza, do IEA Instituto de Estudos Avançados da Universidade de São Paulo.

Perito designado pelo Juiz da Vara de Falências para avaliar capacidade de recuperação de empresas enquadradas na Lei nº 11.101/05 de recuperação judicial.

Estudos no EIASM – European Institut for Avanced Studies in Management, na Bélgica, com orientação do Professor Igor Ansoff, com especialização em Gestão Estratégica de Negócios.

Apresentou-se em vários seminários em São Paulo e em Buenos Aires ao lado dos Professores IGOR ANSOFF, JOHN SEEGER e PETER LORANGE.

Foi assessor do Ministro GRINSPUN, no governo Alfonsin na Argentina e do Dr. Guilherme Quintanilha de Almeida, na sua gestão como Secretário da Receita Federal em Brasília. Foi palestrante em 1995 no Palácio do Planalto, durante a primeira gestão do Presidente Fernando Henrique Cardoso.

Consultor de grandes empresas entre as quais: Bradesco; Banco do Brasil; Indústrias Klabin; TOGA – Indústria de Papéis de Arte José Tcherkassky; UCBEU - União Cultural Brasil Estados Unidos; Hospital Albert Einstein; Editora Ática; Níquel Tocantins; TELESP; CESP; Banespa; Motor Honda; SOCIL, do Grupo Dreyfus; Grupo Tavares de Mello; Metal Leve; Grupo Votorantim; Celpav; Citrosuco; e Grupo Stéfani

Assessorou as ONGs – Doutores da Alegria, na elaboração de seu plano de futuro.

Foi Membro do Conselho de Administração do Grupo STEFANI de Ribeirão Preto e coordenador do Conselho das empresas do grupo Semco.

É Presidente da GR Instrumentos Musicais e Diretor da Privilege Percussion.

É, também, Presidente do Conselho de Administração do CREN - Centro de Recuperação e Educação Nutricional.

Tem sido convidado a realizar numerosos seminários e palestras In Company entre elas: Ford; Petrobrás; Banco do Brasil; Cia Vale do Rio Doce; Boehringer; FMC; Aracruz Celulose; e a ministrar cursos em vários países da América Latina (Peru, Bolívia, Uruguai e Argentina).

Autor da Dissertação de Mestrado sob o título *Pesquisa Crítica de Projetos de Desenvolvimento e Uso de Recursos Subsidiados* – 1980 e da Tese de Doutorado sob o título *Administração Estratégica – O Estado da Arte – Conceitos, Técnicas e Sistema de Adequação Ambiental* – 1986

Autor dos livros:

- Administração Estratégica, Editora Ática, 1987-1990-1991-1993;
- Tornando a Administração Estratégica Possível, Editora Makron Books, 1990;
- Transição 2000 Tendências, Mudanças e Estratégias, Editora Makron Books, 1993 (em co-autoria);
- O Estrategista, Editora Pearson-Makron Books, 2002.

A árvore: O casal Eva e Luis Gaj, os pais, acima, os filhos e netos abaixo.

GRÁFICA PAYM
Tel. (011) 4392-3344
paym@terra.com.br